초등

직관

수업

초등 직관 수업

초판 1쇄 발행 2018년 1월 15일

지은이 김선호
펴낸이 박지석
마케팅 권지은
디자인 박선경(SNAP)
펴낸곳 도서출판 항해

전화 070-4233-6884
팩스 0505-333-6884
이메일 hhbooks@naver.com
블로그 http://blog.naver.com/hhbooks
페이스북 facebook.com/h2book

ISBN 979-11-960757-3-6 03370

이 도서의 국립중앙도서관 출판예정도서목록(CIP)은 서지정보유통지원시스템 홈페이지(http://seoji.nl.go.kr)와 국가자료공동목록시스템(http://www.nl.go.kr/kolisnet)에서 이용하실 수 있습니다. (CIP제어번호: CIP2017035384)

*도서출판 항해는 독자 여러분의 참신한 원고를 기다립니다. 한 권의 책으로 완성될 수 있는 기획과 원고가 있으신 분은 연락처와 함께 위의 메일 주소로 보내주세요.

# 초등 직관 수업

인공지능에는 없는 자녀의 '전략적 직관'

김선호 지음

항해

나폴레옹은 스물여섯 살에 처음으로 전투에서 승리했다.
나이가 들고 경험이 많아질수록 전략적 직관도 늘어날지 모른다.
제대로 된 교육은 그 속도를 훨씬 더 단축할 수 있다.

윌리엄 더건,『제7의 감각』중에서

## '전략적 직관Strategic Intuition'이란?

미국 컬럼비아 대학 경영대학원의 교수인 윌리엄 더건William Duggan이 창안한 개념으로 '제7의 감각'이라고도 합니다. 일반적으로 직관이라고 하면 '육감六感'을 떠올리지만, 전략적 직관은 본능적 느낌인 육감과는 다르게, 아이디어로 끝나지 않고 직관의 실천까지를 포함하지요. '직관' 앞에 '전략적'이라는 수식어가 붙는 까닭입니다.

정치·사회·과학·예술 등 분야를 막론하고 인류사의 혁신을 주도한 인물에게는 언제나 전략적 직관이 작동했습니다. 전략적 직관은 예측 불가한 새롭고 낯선 상황에 더 잘 발휘되며, 오랫동안 고민하던 문제를 한순간에 해결하는 '섬광 같은 통찰'과 함께 찾아옵니다.

그렇다면 전략적 직관을 지니기 위해서는 어떻게 해야 할까요? 우선 역사에서 배울 만한 가치가 있는 사례를 찾아 습득해야 합니다. 이어서 해결하려는 문제와 관련된 모든 선입관에서 두뇌를 자유롭게 만드는 '마음 챙김'의 과정을 거쳐야 하지요. 그런 다음에야 비로소 습득된 사례가 새로운 방식으로 조합되면서 섬광 같은 통찰이 찾아옵니다. 전략적 직관의 최종 단계는, 직관으로 얻은 아이디어를 실천하겠다는 '결의' 또는 '결단'입니다.

과거 1~3차 산업혁명과 4차 산업혁명의 가장 큰 차이는 '예측 불가능성'이라고 합니다. 예측 불가한 상황에서 진가가 발휘되는 전략적 직관을 지금 우리 아이들에게 교육해야 할 이유이지요. 이 책은 그 구체적 교육 방안을 다루고 있습니다.

전략적 직관의 4단계

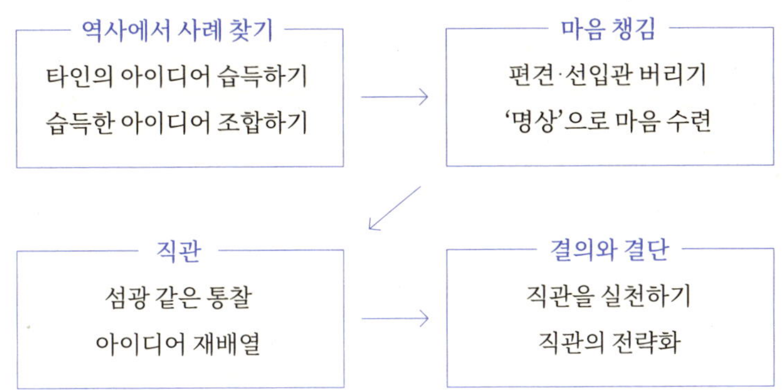

역사에서 사례 찾기
타인의 아이디어 습득하기
습득한 아이디어 조합하기
마음 챙김
편견·선입관 버리기
'명상'으로 마음 수련
직관
섬광 같은 통찰
아이디어 재배열
결의와 결단
직관을 실천하기
직관의 전략화

# 차례

일러두기

본문 중 '직관 교육 상담소' 코너에는 이 책의 사전 체험단이 보내온 질문에 저자가 직접 답변한 내용을 담았습니다.

## 수업을 시작하며

학급에 평범한 한 학생이 있었습니다. 적어도 담임으로서 제가 알기에는 그랬습니다. 이 학생은 늦어도 초등학교 고학년이 되면 시작한다는 선행 학습을 하지 않았습니다. 문제집을 사서 수업 진도보다 조금 앞서 예습을 하는 정도였지요. 말은 이렇게 해도 어찌 보면 보기 드문, 평범하지 않은 학생이었을지도 모릅니다. 선행 학습을 하지 않으면 불안해하는 일반적 모습과 다르게 그저 학교 수업 진도에 충실했으니까요.

한번은 이 학생이 교내 발명품 경진대회에 참가했습니다. 평소 과학 분야에 뛰어난 재능을 보이거나 지속적으로 몰입하는 편은 아니었는데, 일상의 작고 사소한 불편을 아이다운 발상으로 개선한 발명품을 내놓은 것입니다. 이후에 이 발명품은 특허를 받았고, 평범한 직장인이 월급으로 한 푼도 쓰지 않고 평생 모아도 될까 말까 할 금액으로, 그 가치를 인정받았습니다.

담임교사로서 이런 모습을 보면서, 여러 생각이 들었습니다. 그저 '참으로 운이 좋은 아이로구나' 하고 지나가는 것은 교육자로서 책무가 아니었습니다. 왜냐하면 이 아이는 평범했기 때문입니다. 평범한 아이가 이런 일을 해냈다면, 다른 아이도 그렇게 할 수 있는 가능성이 충분했기에 그 원인을 찾아 다른 학생들에게도 알려주어야 했습니다.

개인적으로 내린 결론은 이렇습니다. 간단하게 키워드로 말씀드리면 '발상發想'입니다. 그리고 그러한 발상을 바라봐주는 '인정'입니다. 언제부터인가 한국에서 '상상한다'는 것은 어린 시절에만 허용되는 행위가 되었습니다. 조금만 고학년이 되면, 창 너머 무언가를 멍하니 바라보는 시간을 허용하지 않습니다. 그 시간에 영어 단어 하나라도 더 외워야 하니까요. 창의력을 갖춘 경쟁력 있는 인재를 길러내야 한다고 하면서도, 교육자와 학부모의 마인드는 아직도 과거의 교육 습관에서 좀처럼 벗어나기 어려워 보입니다. 습관을 벗어던지기에는 불안하기 때문입니다.

세상은 빠르게 변하고 있습니다. 지금 아이들이 어른이 되었을 때 필요한 건, 사고의 유연성과 발상의 전환이 자동으로 이루어지는 습관일 것입니다. 아이의 작은 발상은, 평소 사람들이 불편해하던 일을 소리 없이 개선할 만큼 큰 힘을 지닙니다.

단순히 어떠한 상황이 떠오르는 발상 이전에 선행되는 것이 있습니다. 바로 어떠한 문제 상황이 있음을 알아채는 문제의식입니다. 문제의식은 사건을 해결하기 위해 자신이 경험한 모든 지식을 총동원합니다. 일상의 단순한 문제라면 금방 해결하겠지만, 손쉽게 해결되는 문제가 아니라면 숙고하는 시간이 필요합니다. 그러다가 섬광과 같은 '통찰洞察'이 일어납니다. 그러한 통찰을 우리는 쉽게 '새로운 아이디어'라고 표현하기도 합니다.

그러나 우리는 지금껏 잘 몰랐습니다. 이 발상과 통찰이 어떻게 이루어지는지 말이지요. 다행인 것은, 최근 몇몇 학자가 발상과 통찰의 과정에 직관이 매우 중요한 역할을 하고 있음을 증명했다는 것입니다. 그중에서도 『제7의 감각』에서 '전략적 직관'에 대해 저술한 윌리엄 더건, 『직관』을 저술한 유진 새들러-스미스 같은 인물이 유명합니다.

경제 분야 지식인을 포함한 많은 이들이 전략적 직관에 깊은 관심을 갖고 있습니다. 또 현재 이 세상을 이끄는 많은 리더들이 직관의 중요성을 언급합니다. 초등교육 전문가로서 제가 할 일은, 아이들이 어떻게 하면 전략적 직관을 습관적으로 활용하고 그 역량을 높일 수 있는지 가르치는 일입니다. 이제 그 방법을 교육자 및 학부모들과 공유하고자 합니다.

다가오는 인공지능 시대에 우리 아이들은 어른이 되어 있을 겁니다. 그때는 인공지능이 상당 부분 일 처리를 대신하겠지요. 그렇게 되면 더 이상 '안정적'이라는 말은 소용이 없습니다. 현재 우리가 전문직이라고 생각하는 많은 직업군도 미래에는 더 뛰어난 인공지능에 의해 대체될 수 있기 때문입니다. 그때 인간이 경쟁력을 발휘할 수 있는 유일한 영역은 뛰어난 통찰력을 발휘하게 하는 '직관'이 될 것입니다. 직관의 힘을 통해 구축한 창작의 공간만큼은 인공지능이 넘보지 못하는 우리 아이들의 고유한 영역이 되겠지요.

아이가 어른이 되었을 때 안정된 직장을 갖지 못할까 불안해하기만 해서는 아무 소용이 없습니다. 우리 아이들이, 다가오는 인공지능 시대에 사용할 수 있는 좋은 무기를 지금부터 갈고닦도록 도와야 합니다. 그것은 오직 직관 교육으로 시작할 수 있습니다.

# 1교시
# 아이의 미래를 위한 직관 교육

## 좌절은 직관의 문이다



**창의적인 돌파구를 찾기 위해서는**
**막다른 골목에 선 것 같은 '좌절감에 휩싸이는 단계'를**
**반드시 거쳐야 한다.**

유진 새들러-스미스, 『직관』 중에서

혹시 컴퓨터 프로그램이 좌절을 겪고 있다는 이야기를 들어본 적이 있는지요? 또는 빅데이터에 좌절이 생겼다는 뉴스를 들어본 적이 있나요? 혹은 알파고와 같은 인공지능 바둑 프로그램이 이세돌과 대국을 치루면서 좌절의 순간을 맛보았다는 이야기를 상상할 수 있을까요?

좌절을 겪지 않는 개체란, 언뜻 보면 완벽한 개체처럼 여겨질 수도 있습니다. 이미 그러한 인공지능이 가진 무한한 가능성에 온 세계가 떠들썩합니다. 한편 이런 생각을 해봅니다. 기원전부터 그 유래를 살펴볼 수 있는 주판도 그것이 발명된 순간 너무도 빠른 계산력에 많은 사람이 놀랐을 것입니다. 전자계산기나 컴퓨터가 등장했을 때도 마찬가지였지요. 어찌 보면 인류가 기계의 도움을 빌려서 인간이 가진 사고의 속도를 뛰어넘는 일을 해낸 것은 그리 새로운 일이 아닙니다. 인공지능 프로그램이 친숙해질 미래 사회에는 인공지능 또한 인간의 도구로서 당연하게 여겨질 것입니다.

위에서 언급한 컴퓨터 프로그램, 더 나아가 인공지능이 지닌 한계는 좌절이 아니라 '오류'입니다. 이들에게는 '프로그램 오류', '데이터 오류'라는 말이 더 잘 어울립니다. 바꿔 말하면 오늘날 인공지능은 지금까지의 어떤 프로그램보다 오류를 극소화하며, 더 나아가 스스로 오류를 찾아내고 그 횟수를 극단적으로 줄여나가는 프로그램이라 말할 수 있습니다. 학자들은 그렇게 스스로 배워 나가며 성장해가는 인공지능에 '머신 러닝machine learning'이라고 이름 붙였습니다.

인공지능은 앞으로 결코 좌절이라는 것을 맛보지 못할 것입니다. 아니 좌절이 무엇인지조차 모를 것입니다. 그저 오류를 최소화할 뿐이지요. 하지만 인간은 좌절을 맛봅니다. 인간이 인공지능보다 사고 능력이 떨어져서 좌절을 맛보는 것이 아닙니다. 단지 전혀 다른 존재이기 때문에 느끼는 것입니다. 인공지능은 사고만 할 뿐, 자기 자신을 인식하는 '메타인지'(스스로 문제점을 찾아내고 학습 과정을 조절할 줄 아는 지능과 관련된 인식, 79쪽 참조)가 없습니다. 하지만 인간은 자기가 존재하고 있다는 사실을 인식합니다. 쉽게 표현하면 인공지능은 자아自我가 없으며, 인간은 자아가 있습니다. 결론적으로 자아를 인식하는 존재만이 좌절을 맛볼 수 있습니다. 그것이 인공지능과 인간의 결정적 차이입니다.

이런 견지에서 교육자로서, 더 나아가 초등교육 전문가로서 스스로에게 질문을 던져봅니다. "내가 가르치는 아이들이 성인이 되었을 때, 인공지능이 대신 해줄 수 있는 것들을 굳이 학습이라는 이름으로 강요할 필요가 있는가?"라고 말이지요.

예를 들면 이런 것입니다. 한 초등학생의 꿈이 의사가 되는 것이라 해보지요. 아이는 의사가 되기 위해서 어떤 공부를 해야 하는지 묻습니다. 아마도 어른의 대부분은 이렇게 답할 것입니다.

"일단, 의대에 들어가야 해. 의대에 들어가려면 공부를 열심히 해야 해. 특히 의대에서는 영어 원서로 공부한다고 하니, 영어는 정말 잘해야 하겠지."

그 초등학생이 20년 혹은 30년 뒤에 의사가 되었을 때의 세상을 생각해봅시다. 아마도 진료의 상당 부분은 인공지능이 대신하고 있을 가능성이 매우 높습니다. 이는 비단 의학계만의 이야기는 아닐 겁니다. 지금까지 우리가 실행하고 마주한 대부분의 문제에서 인공지능이 활약하게 될 것입니다. 그것도 거의 오류 없이 말이지요. 빅데이터 분석을 통한 '주식 매매 프로그램'의 등장은 그러한 미래의 아주 조그만 서막에 불과합니다.

이러한 시대에 초등학생에게 정말 필요한 교육이 무엇인지 새삼 고민하지 않을 수 없습니다. 그들이 어른이 되었을 때, 거의 쓸모없어질 것을 열심히 가르치고 있다면, 그것은 어리석은 일의 반복이나 마찬가지이지요.

이를 의식이나 한 듯, 언제부터인가 교육계에서는 '창의·인성 교육'을 강조합니다. 그런데 우리가 간과한 것이 있습니다. 창의력과 올바른 인성을 길러야 한다고 말하지만, 정작 창의력과 인성이 어떤 힘에 의해서 작용되고 더 나아가 실현되는지 잘 모른다는 겁니다. 그냥 많이 시도해보고 많이 겪다 보면 발휘되는 능력이라고 대답하는 수준입니다. 물론 전혀 틀린 말은 아닙니다.

이 책에서 저는 좌절의 순간 그것을 극복해내는 창의력, 혹은 좌절을 받아들이고 인내하는 인성에 대해 설명하려는 것이 아닙니다. 그러한 창의력과 인성을 움직이는 '감각'을 바라보고자 합니다. 그 감각은 바로 '제7의 감각'이라 칭해지는 전략적 직관입니다. 그 전에 직관이란 무엇인지에 대한 물음을 건너뛸 수 없습니다. 그리고 구체적으로 직관을 어떻게 개발할 수 있는지, 우리 어린 학생들에게 어떻게 교육할 수 있는지 구체적 방안을 제시해보고자 합니다.

아이러니하게도 직관의 출발점은 좌절입니다. 심하게 표현하면 인간이 한계에 마주했을 때 직관은 고개를 듭니다. 잔인하게 들릴지 모르겠지만 사실입니다. 여기서는 그러한 직관에 대해 알아볼 것입니다. 더불어서 교육자와 학부모에게 결코 '직관 교육'을 간과해서는 안 됨을 인식시키고, 이를 어떻게 해나가야 할지 살펴보는 것이 이 책의 최종 목적입니다.

"나머지 인생을 설탕물이나 팔면서 보내고 싶습니까? 아니면 세상을 바꿀 기회를 갖고 싶습니까?"

스티브 잡스가 펩시콜라 사장을 영입하기 위해 던진 직관적인 말입니다. 이 말 한마디로 그는 훗날 회사의 명운을 걸고 경쟁하게 될 주인공을 영입합니다.

많은 사람이 좋아하는 설탕물을 파는 일은 수많은 데이터를 분석한 인공지능이 대신할 수 있습니다. 하지만 세상을 바꿀 기회는 절망의 끝에서 '직관력'을 발휘하는 인간에게 있습니다. 우리 아이들에게 그러한 힘을 최대한 일찍 교육하고 싶습니다.

# 취학 전 자녀의 직관 교육

> **존재는 응시에 의해 조각된다.**
>
> 이승욱,『포기하는 용기』 중에서

이세돌이 알파고와 대국을 치른 지 1년 남짓 지난 시점에, 인터넷을 달군 뉴스가 하나 있었습니다. 알파고가 바둑 세계 챔피언 커제 9단에게 압승을 거두었다는 소식입니다. 이 뉴스에서 눈에 들어오는 문구가 있었습니다.

"알파고는 아예 기보를 참고하지 않고 혼자 바둑을 두며 실력을 다지는 방식을 썼다. 예전 방식에 얽매이지 않는 '기발한 수'를 개발하는 데 초점을 둔 것이다. 바둑의 승패를 종종 뒤엎는 이런 예측 불허의 판단은 알파고 이전에는 순전히 인간의 영역으로 치부되었다."

이 말은 인공지능이 자력으로 '기발한 수'를 개발해낼 수 있다는 메시지를 던져줍니다. 바꿔 표현하면 매우 창의적인 방법을 스스로 습득하고 개발해나갈 수 있다는 뜻입니다. 인간의 고유 영역으로 묶어두고 싶었던 판도라의 상자가 열리는 기분입니다. 두렵기도 하면서, 창의적 직관 교육을 서둘러야 할 때가 왔음을 알리는 신호탄처럼 느껴집니다. 다가올 미래에 우리 아이들은, 예측 불허의 문제 상황에서 인공지능과 함께 창의적 문제 해결법을 논하게 될 것임을 받아들여야 할 듯합니다. 그럼에도 내심 인공지능보다는 우리 아이들이 더 창의적이기를 바랍니다.

이런 현실 속에서, 초등학교 때부터 직관 교육을 실시해야 한다는 것이 이 책의 기본 전제입니다. 그런데 그 전에 신경 써야 할 게 있습니다. 유치원, 혹은 더 나아가 영유아기 자녀에 대한 부모의 태도가 그것입니다.

사실, 사람은 어릴수록 직관에 의존합니다. 가르치지 않아도 직관을 사용합니다. 아직 언어와 논리로는 사물을 이해할 수 없기 때문입니다. 보이고 들리고 느껴지는 것을 통해 직관적으로 사물을 알아차립니다. 그래야 생명을 유지할 수 있습니다. 어쩌면 생존이 달려 있기 때문에, 그들의 직관은 최상의 상태를 유지하고 있는 것입니다.

위험한 물건을 만지려는 순간, 아기는 엄마와 아빠의 음성, 눈빛과 몸짓을 통해서 바로 알아차립니다. '이건 위험한 거구나' 하고 말이지요. 반복되는 행동과 음성을 연결해서 언어를 습득합니다. 전혀 그 뜻을 모르는 언어를 직관을 통해 알아차립니다. '이럴 때는 이런 말을 하면 먹을 것을 주는구나' 하고 말이지요. 따라서 취학 전 아이에게는 따로 직관 교육을 하기보다, 직관을 통한 습득을 최대한 계속 유지하도록 하는 것이 관건입니다. 아이의 무의식 속에 '직관을 사용해도 되는구나', '직관을 사용해도 좋은 거구나' 하는 잠재의식을 심어주는 겁니다.

그러기 위해 가장 좋은 방법은 '응시凝視'하는 것입니다. 부모가 자녀를 바라보는 시선이 곧 아이가 세상을 인지하는 창이 되므로, 응시는 직관뿐 아니라 자녀의 모든 것을 좌우합니다. 아이는 부모가 바라보는 방향대로 자기를 규정해버립니다. '나는 이런 사람이다'라고 말이지요. 그렇기에 부모의 응시는 아이의 자존감에도 절대적입니다.

그렇다면 부모는 자녀를 어떻게 응시해야 할까요? 어떻게 응시해야, 자녀가 천부적 직관 능력을 초등 시절부터 노년기에 이를 때까지 사용하도록 할 수 있을까요?

그 첫 번째 방법은 응시를 통한 격려입니다. 격려는 박수의 형태로 나타날 수도 있고, 감탄사로 대신할 수도 있습니다. 아직 초등학교에 들어가지 않은 자녀가 직관을 이용해 무언가를 시도하고자 할 때 그것을 온화한 눈빛으로 바라봐주는 것입니다.

예를 들어, 아이가 진흙을 가지고 형체도 알아보기 힘든 무언가를 만들어놓고 토끼라고 주장한다면, 지저분하다며 그것을 치우기에 급급해하지 말고 그 토끼에 대해 물어봅니다. 진흙 토끼는 무엇을 먹고 사는지, 어디서 왔는지, 그리고 어디로 가는지 말이지요. 그럼 아이는 상상을 펼치며 이야기를 만들어나갑니다. 새로운 인물도 등장시키지요. 토끼의 친구 거북도 곧 만들 거라고 할 겁니다. 이 과정에서 창조물을 인정받은 아이는 자신을 뿌듯하게 느낄 것입니다. 그렇게 되면 아이는 직관력을 더 빈번히 사용하고 싶어 하겠지요.

물론 부모 입장에서는 이 과정이 만만하지 않습니다. 직장맘으로서 가뜩이나 바쁜데 집안일까지 있다면, 사방에 온통 진흙을 뿌려놓는 아이를 온화하게 바라봐주기는 어려울 겁니다. 더욱이 아이가 진흙을 맛보려고 그것을 입속에 넣기까지 한다면 일단 소리부터 지르겠지요. 그리고 아이의 손을 이끌고 가 샤워를 시킬 겁니다. 물줄기를 타고 순식간에 떨어져나가는 진흙덩이를 보면서 아이는 느낍니다. 함부로 무언가를 창조하면 안 되는 거구나 하고 말입니다. 창조적 직관력은 사용해서는 안 되는 거구나 하고 말이지요.

두 번째 방법은 응시를 통한 간극 유지입니다. 오직 바라만 보며 개입은 최소로 하는 것입니다. 아이들이 무엇을 가지고 놀든, 그들은 행동할 때 자신의 직관을 활용합니다. 그 시간과 공간을 보장해주어야 합니다. 부모가 보기에 더 좋은 방법이 있어도, 일단 거리를 유지한 채 바라보는 것입니다. 대개는 교육이라는 미명 아래, 아이의 능력으로 해결할 수 없는 방안을 가지고 부모가 '짠!' 하고 문제를 해결해줍니다. 그 순간 아이는 기쁘고 즐겁겠지만 직관력은 기가 죽고 맙니다. 어려운 문제 상황에서 굳이 내가 나설 필요가 없구나 하고 느끼게 되는 것이지요. 분명 나보다 더 뛰어난 존재가 대신 문제를 해결해줄 것이고, 그것이야말로 유일한 답이라고 단정 짓게 됩니다.

예를 들면 이렇습니다. 아이들이 나무 도막으로 무언가를 만듭니다. 만들다 보니 재료가 부족합니다. 그래서 아이들은 장난감 더미에서 나무 도막이 들어 있는 상자를 꺼내려고 낑낑댑니다. 상자가 다른 장난감에 가로막혀서 아이 힘으로 빼내기는 어렵습니다. 그때 부모가 장난감을 치우고 나무 상자를 번쩍 들어서 아이에게 가져다줍니다. 아이는 기뻐하겠지요. 많은 나무 도막을 손쉽게 얻었으니까요. 하지만 이때 부모는 잠시 기다려야 합니다. 힘을 쓰든 상자 속으로 기어들어가든 하나씩 꺼내보든, 아이가 해결책을 찾으려고 홀로 애쓰는 과정을 지켜보아야 합니다. 아이는 그 기다림 속에서 자신만의 번득이는 방법을 찾으려고 애씁니다. 부모가 생각지도 못한 도구를 들고 시도해볼 수도 있지요.

미약하게 보여도, 아이가 진정 감탄하는 순간은 자신이 생각해낸 방식대로 무언가를 시도해서 성공했을 때입니다. 그 과정에서 겪는 좌절은 실패가 아닙니다. 말 그대로 지나가는 과정이라는 것을 알게 되지요. 그래서 그런 경험을 한 아이는 실패를 두려워하지 않게 됩니다.

반면 부모의 손에서 문제가 손쉽게 해결되는 순간, 그 과정은 그저 쓸데없는 실패가 되고 맙니다. 부모를 우러러보고 고마워하고 그 능력에 감탄할지는 몰라도, 아이 스스로 그런 시도를 할 필요는 없다고 단정 짓습니다. 그 과정에서 직관마저 무의식 저 너머로 쓸어버리지요. 내게는 직관 대신 더욱 강력한 부모가 있다고 생각하면서 말입니다.

취학 전 자녀가 직관을 잘 활용하기 바란다면, 부모의 시선이 아이의 직관 활용을 좌우한다는 사실을 기억하십시오. 아이는 부모의 응시를 통해, 직관을 버릴지 아니면 계속 사용할지 판단합니다. 이처럼 취학 전 자녀에게 응시는 절대적입니다.

## 직관 교육 상담소

Q

일반적인 창의력 개발 교육과
직관 교육의 차이점은 무엇인가요?

A

우선 질문 자체에 모순이 있다고 말씀드리고 싶습니다. 두 대상 사이의 비교는 그 둘이 각각 독립된 개체일 때 가능합니다. 하지만 창의력과 직관력은 서로 다른 개체에 속한 개념이 아닙니다.

이 둘은 선후 관계입니다. 직관이 선행되어야 창의력이 샘솟는 것이지요. 비유적으로 표현하자면 직관은 뿌리이고 창의력은 나무의 열매라고 할 수 있습니다. 따라서 서로 비교의 대상이 아닙니다.

그동안의 교육은 열매인 창의력에 관심을 두면서 정작 그 열매가 어떤 과정을 거쳐서 생성되고 또 무럭무럭 자랄 수 있는지, 그 원동력에 대한 연구가 부족했습니다. 그 결과, 지금까지의 창의력 개발 교육은 크고 맛있어 보이는 열매를 만들기 위해, 혹은 더 많은 열매를 만들어내기 위해 가지치기를 하는 수준이었습니다. 우리가 정말 알아야 할 것은 뿌리에서 좋은 영양분을 끌어오는 방법인데, 그 역할을 하는 것이 바로 직관입니다.

이렇게 정리해보겠습니다. 창의력 개발 교육은 새로운 것을 떠올리는 결과에 집중합니다. 그래서 계속해서 새로운 사고를 유도하는 것에 초점을 두지요. 반면 직관 교육은 그러한 과정 속에서 '아!' 하는 통찰이 일어나기까지의 과정을 의식적으로 인지하는 훈련입니다. 즉 통찰이 일어나는 자기만의 패턴을 인지하는 것이지요. 그 패턴을 기반 삼아 직관 활용 과정을 지속적으로 의식화하는 겁니다. 그렇게 되면 아이들은 새로운 문제에 직면했을 때 자신의 직관 패턴을 자연스럽게 활용합니다. 직관 교육을 받은 아이들은 이 패턴을 몸에 익혀서 자연스럽게 창조물을 만들어낼 때 활용하지요. 우연히 창조물을 만들어내는 것이 아니라 직관 패턴을 통해 의식적으로 만들어내는 능력이 생기는 것입니다.

---

## 직관은 창업을 꿈꾸게 한다



> **디자인은 문제를 해결하기 위한 방법과**
> **직관에 의한 방법을 통해 발생한다.**
>
> 카이스트 산업디자인학과 교수 배상민, <EBS 초대석> 중에서

아이들이 어른이 된 세상에서는 우리가 상상하지 못한 것들마저 인공지능이 대신해주고 있을 겁니다. 영화 〈설국열차〉를 보면 배우 송강호가 외국인들과 대화할 때 동시통역기를 목에 걸고 이야기하는 장면이 나옵니다. 이미 많은 해외 여행자가 휴대전화 앱 형태로 많이들 사용하고 있지요. 아직은 약간 모자람이 있지만, 아이들이 사회생활을 할 즈음에는 분명 외국어를 몰라도 외국인과 자연스럽게 대화할 수 있는 수준으로 기능이 향상되어 있을 것입니다. 이러한 미래에 대비하려면 현재 초등학생에게 어떤 교육이 가장 필요할까요?

한국 최고의 미다스의 손이라 불리는 펀드매니저 강방천은 『매일경제신문』과의 인터뷰에서 이런 말을 했습니다.

"로봇이 굴리는 펀드가 본격화하면 인간 펀드매니저는 미래를 예측하는 영역의 투자에서만 로봇 이상의 가치를 발휘할 수 있을 것이다."

이미 증권가에서는 빅데이터를 기반으로 한 프로그램이 전문 펀드매니저를 대신해서 주식을 매매하기 시작했습니다. 일반적으로 전문 펀드매니저가 알고 활용하는 펀드는 300종목 정도 된다

고 합니다. 하지만 로봇은 5000종목을 활용한다고 하는군요. 이러니 인간 펀드매니저는 로봇 펀드매니저의 상대가 되지 않지요. 그런 가운데 강방천이 언급한 '미래를 예측하는 영역'에 대해 살펴볼 필요가 있습니다. 그는 어째서 상대가 되지 않는 게임에서 '예측' 만큼은 인간의 편을 들어주었을까요?

인간에게는 불확실성을 끌어안은 채 무언가 시도할 수 있는 능력이 있기 때문입니다. 그러한 힘은 바로 직관에서 비롯됩니다. 사실 인간의 도전 행위 기저에는 '불확실함에도 불구하고'라는 말이 포함됩니다. 수많은 데이터를 분석하는 이유는 이 불확실성을 최소화하기 위해서며, 다가오는 많은 변수에 효과적으로 대응하기 위해서입니다. 한편 매번 무언가를 결정해야 하는 순간에 우리는 그 결정의 상당 부분을 직관에 맡깁니다. 어떤 이는 이를 '직감'이라고 표현하기도 하고요. 과거에는 분석마저도 인간이 시도했지만, 이제 분석 영역은 컴퓨터 프로그램이 가져가기 시작했습니다. 오늘날 남은 영역은 결단의 순간, 인간이 본래 지닌 직관을 통해 방향을 결정하는 일뿐입니다. 그렇기에 우리 아이들에게 어떻게 자신의 직관을 활용해야 하는지 교육해야 합니다. 그냥 결정의 순간이 되어서 "너의 감을 따르라" 하고 말한다면, 그것은 교육자로서 무책임한 태도에 가깝습니다. 직관을 무조건 믿고 따르기에는 위험 요소 또한 존재하기 때문이지요.

직관 교육에는, 직관이 지닌 무모함에 대한 교육도 포함되어야 합니다. 사실 학자들 사이에서 직관이 강조되기 시작한 것은 얼마 되지 않습니다. 또 직관은 눈에 보이지 않는 어떤 힘, 또는 감각에 대한 설명이기에 상당히 모호한 구석이 많습니다. 그럼에도 자신의 직관을 선별하는 방법에 관한 연구는 상당 부분 진척을 이루었습니다. 교육자라면 이 선별 방법을 어떻게 하면 학생의 눈높이에 맞게 설명해줄 수 있을지 고민해야 합니다. 학부모 또한 마찬가지입니다.

기성세대는 대부분 안정적인 직업을 선호합니다. 그 영향으로 많은 젊은이가 공무원 시험에 매달리지요. 하지만 그 가운데서도 창업에 도전하는 젊은이들이 있습니다. 여기서 말하는 창업은, 대기업에 다니다가 퇴직금으로 프랜차이즈 카페나 치킨집을 차리는 창업이 아닙니다. 말 그대로 대학 시절, 혹은 대입을 준비해야 할 고등학교 시절부터 자기 일을 찾아가는 무모해 보이는 시도를 말합니다. 아니면 적어도 어느 정도 안정기에 든 직장을 그만두고 새로운 삶에 발을 담그고자 도전하는 일을 말합니다.

그들에게 창업을 하는 데 가장 큰 어려움이 무엇이었는지를 묻자, 가장 많이 나온 응답이 '엄마'였다고 합니다. 즉 부모가 쫓아다니면서 반대를 했다는 것이지요. 이 설문 결과가 의미하는 바는 매우 큽니다. 부모 세대의 불확실성에 대한 두려움이 새로운 것에 도전하고자 하는 젊은이들의 의지를 붙잡고 있다는 것이지요. 젊은이들은 돌파구를 찾기 위해 자신의 직관을 최대한 따르려 하지만, 주변에서는 이를 무모하다고 여깁니다. 이런 분위기에서, 젊은이들이 어떻게 직관을 따라야 하는지 그 방향성을 제시해줄 수 있는 어른은 많지 않아 보입니다.

많은 어른과 교육자가 아이들에게 경험하고 도전하라고 가르칩니다. 경험은 데이터를 습득하고 분석해보는 체험적 행위입니다. 반면에 도전은 습득한 데이터를 기반으로 새로운 것을 시도하는 창의성을 내포하지요. 하지만 한편으로 기성세대는 그 도전을 안정적인 직업을 갖는 방향으로 전환하기를 요구합니다. 그 결과 아이들은 학원에 보내져 밤늦게까지 문제집을 반복해서 푸는 데 에너지를 쏟고 있습니다. 그렇게 갈고 닦은 실력을 바탕으로 대학을 졸업하고도 공무원 고시 학원에서 더 많은 문제를 반복해서 풀고 있지요.

다시금 강조하지만, 아이들이 죽어라고 풀고, 외우고, 반복하는 내용들은 그들이 어른이 되었을 때 대부분 인공지능의 몫이 될 것입니다. 그러한 가운데, 오직 수많은 도전과 실패를 경험한 몇몇 이들만이 자기 내면에 축적된 노하우를 바탕으로 직관을 활용해 세상을 변화시킬 것입니다. 그러한 리더를 최대한 많이 육성하기 위해서라도 오늘날 초등학생에게 직관 활용 교육을 제시해주어야 합니다. 그것이 어떻게 가능한지는 책 후반에 구체적인 방법을 들어 안내하겠습니다.

일반적으로 직관은 어떤 고민이나 문제에 직면했을 때 '통찰'이라는 형태로 우리에게 모습을 드러냅니다. 마치 섬광이 비추듯 번득이는 것이지요. 실험 심리학자들은 이러한 통찰력에 개인마다 어느 정도 차이가 있는지 연구하기 위해 '원격연상검사법 Remote Associates Test, RAT'이라는 것을 사용합니다. 방법은 간단합니다. 관련이 없는 여러 단어를 보여주고 그것들을 연결해서 새로운 이야기를 만들어보게 합니다. 예를 들어 '자동차', '딸기', '풍선' 등의 단어를 제시하고 이야기를 만들어보라고 하는 것입니다. 전혀 연결 고리가 없는 무관한 대상을 관통하는 통찰을 손쉽게 해내는 이들은 그 단어를 조합해서 연결점을 찾아냅니다. 하지만 논리와 이성만으로 그 단어를 조합하려 한다면 좀처럼 연결 고리를 찾기가 쉽지 않습니다.

그런데 어린아이일수록 그 연결 고리를 잘 찾아냅니다. 그들은 눈에 보이는 모든 것을 장난감과 연결시키지요. 그래서 나뭇잎을 소꿉놀이 음식이라고도 하고, 나뭇가지로 바이올린 연주를 하기도 합니다. 자갈을 가지고 자동차라며 빵빵거리기도 하고요.

영국 국립과학학습센터NSLC 미란다 스티븐슨 박사는 이런 말을 했습니다.

"한국 학생들이 국제 학업성취도평가PISA의 수학, 과학 과목에서 좋은 성적을 거두면서도 창의력이 떨어지는 이유는 '놀이 시간이 절대적으로 부족하기 때문'이다."

그는 왜 놀이 시간이 절대적으로 부족한 것을 창의력 저하의 원인으로 보았을까요? 그것은 앞서 언급했듯 아이들이 서로 연결고리가 없는 사물을 장난감과 연결 짓는 것 같은 통찰의 경험을 많이 해야 창의성이 손쉽게 발휘되기 때문입니다. 이런 경험을 한 아이들은 어른이 되어도 늘 살아 있는 생동감으로 새로운 것에 도전하고 창의적으로 무언가를 이루는 창업을 꿈꾸게 되어 있습니다.

우리 아이들이 실패를 두려워하지 않고, 새로운 분야에 도전하는 청년이 되어 창업의 길로 뛰어들지, 노량진 학원가에서 공무원 시험 준비에 매달릴지는 초등학생 시절의 직관 교육에 달려 있습니다.

## 인공지능에는 없는 '통찰력'



> **좋은 아이디어는 예기치 못한 순간에**
> **섬광 같은 통찰력으로 올 때가 많다.**
>
> 유진 새들러-스미스, 『직관』 중에서

『가끔은 격하게 외로워야 한다』를 저술한 김정운은 이 책에서 '통찰'에 대해 언급합니다. 그는 창조적 사고를 연구하는 학자 그레이엄 월러스의 말을 인용하지요. "해결이 안 되는 심각한 문제에서 잠시 떠나 전혀 다른 생각에 몰두하고 있을 때, 문제 해결을 위한 통찰이 불현듯 찾아온다."

'잠시 떠나 전혀 다른 것에 머무를 때 통찰이 일어난다'는 표현은 직관을 연구하는 학자들이 공통적으로 내놓는 견해입니다. 논리적으로 생각할 때 이해가 되지 않는 말입니다. 우리는 보통 어떤 문제가 있을 때 그것에 집중적으로 몰두하라고 가르칩니다. 특히 교육자들은 문제 상황에 대한 집중과 몰두를 학습에 있어 아주 중요한 요소로 간주합니다. 틀린 말이 아닙니다. 하지만 여기서 우리가 결정적으로 인식할 부분은, 집중적 몰두에서 잠시 벗어나 일상생활을 하고 있을 때, 문제와 전혀 연관성이 없어 보이는 것들에서 기존 문제의 핵심을 파고드는 통찰이 일어난다는 사실입니다. 이를 어떻게 해석해야 할까요? 그리고 어떻게 하면 이런 원리를 아이들 교육에 잘 접목시킬 수 있을까요?

아이들은 성장하면서 많은 경험을 하고 지식을 습득합니다. 여기에는 기존 사회에서 인간답게 살아가기 위한 최소한의 기본 지식과 능력이 포함됩니다. 문제는 세월을 거듭할수록 습득해야 할 정보의 양이 기하급수적으로 늘어난다는 것입니다. 쉽게 표현하면 아이들이 암기해야 하고 기능을 익혀야 하는 것들이 포화 상태에 이르렀다고 할 수 있습니다. 발달단계상 받아들일 수 있는 한계는 분명하지만, 어른은 아이에게 한계를 초과하라고 요구하는 것이지요. 이를 효과적으로 진행하기 위해 몰입 교육, 집중 교육이라는 용어가 탄생했습니다. 어찌 보면 이는 시대를 좇기 위한 교육계의 고육지책苦肉之策인지도 모릅니다.

이러한 현 상황을 직시한 채, 잠시 숨을 골라야 합니다. 인공지능의 등장은 현 상황의 좋은 타개책이 될 수 있습니다. 어찌 보면 인간의 잠재의식이 포화 상태에 이른 습득의 한계점을 인식하고, 그것을 대신할 프로그램을 탄생시켰다고 확대해석할 수도 있습니다.

유사 이래 나타난 수많은 질병과 그 질병의 치료 데이터를 모두 인지하고 있는 인공지능이 앞으로 의사의 역할을 대신할 것입니다. 기존에 최고라고 자부하던 의사도, 단 몇 분 만에 데이터를 업데이트하는 인공지능 의사의 경험치를 따라갈 수 없게 된 것이지요.

그렇다면 미래에 인간 의사가 필요할까요? 물론입니다. 인공지능의 최대 장점은 기존의 모든 데이터를 기억하고 업데이트하며 순식간에 활용하는 데 있습니다. 하지만 인간 의사는 앞으로 마주할, 아직 데이터에 존재하지 않는 새로운 질병을 치료하기 위한 방안을 모색할 수 있습니다. 기존에 파악되지 않은 새로운 질병이 탄생했을 때, 인공지능은 속수무책이 될 수밖에 없습니다. 데이터 속에 존재하지 않는 질병의 발생을 마주했을 때, 직관이 없는 인공지능은 어떠한 연결점도 찾지 못하기 때문이지요. 하지만 인간의 통찰력은 이에 접근할 수 있습니다. 인간 의사는 통찰을 통해 전혀 새로운 방식으로 인간을 위협하는 질병에 대응하는 방안을 마련

할 수 있습니다.

통찰은 우리가 해결해야 할 문제를 잠시 접어두고 딴 생각을 할 때 불현듯 연결점을 생성시킵니다. 전혀 논리적 연결점이 없음에도 말입니다. 이것이 핵심입니다. 그렇다면 인간은 어떻게 인공지능과 협력할 수 있을까요?

예를 들면 이렇습니다. 어떤 전문 분야에서 새로운 문제가 발생했을 때, 전문가는 인공지능에 데이터 분석을 요구합니다. 인공지능은 그간의 비슷한 사례를 모아 분석하고 그 결과를 전문가에게 순식간에 제공합니다. 과거 전문가들이 오랜 시간에 걸쳐 다양한 사례를 모아 취사선택하고 분석했던 과정을 순식간에 처리해주니 효율이 아주 좋습니다. 이 분석 결과를 가지고 전문가는 여러 가설을 세우고 실험을 거듭합니다. 문제 해결을 위한 몰두를 시작하는 것이지요. 이처럼 충분한 몰두의 시간 뒤에 저녁 식사를 하고 샤워를 합니다. 뜨거운 물로 샤워를 하면서 잠시 머리를 식히는 동안 불현듯 통찰이 일어납니다. 문제 해결의 실마리가 떠오르는 것입니다. 이렇게 해결된 문제의 실마리는 다시 인공지능을 통해 데이터베이스에 저장되고, 새로운 문제가 재차 발생하면 인공지능과 전문가 집단은 이와 같은 패턴으로 문제를 해결합니다. 이것이 미래 사회 우리 아이들이 살아가는 방식이 될 것입니다.

그렇다면 결론은 간단합니다. 오늘날 교육이 기존 데이터베이스를 습득하는 교육에 머물러서는 안 된다는 것이지요. 데이터베이스 습득과 정리 분석은 인공지능에 맡기고, 그 분석을 토대로 통찰을 발휘해 새로운 문제를 해결하는 인간으로 키워야 합니다.

몰두에서 잠시 벗어나 다른 일을 하고 있을 때 불현듯 통찰이 일어난다고 해서, 어떤 문제가 있을 때 그 문제에서 무조건 떨어져 관조하듯 있으려고 한다면 그것은 직관을 잘못 인식한 것입니다. 문제 해결을 위한 몰두의 시간은 절대적으로 필요합니다. 그간의 경험과 자료, 통계 분석을 통한 충분한 몰두와 집중이 선행되어야 합니다. 그 뒤 생각이 숙성되기를 기다리며 문제를 잠시 덮어두는 것이지요.

가령 어떤 학생이 수학 심화 문제를 풀다가 해결 방법을 찾지 못했다고 합시다. 대부분의 학생은 그런 상황에 직면하면 바로 해답지를 보고 풀이법을 확인합니다. 하지만 정작 수학을 좋아하는 아이들은 해답을 바로 보지 않습니다. 일단 문제를 충분히 숙고한 뒤, 그래도 모르겠으면 잠시 덮어놓지요. 그리고 점심시간에 운동장에 나가서 실컷 축구를 합니다. 학급 친구에게 멋지게 패스를 하는데 포물선을 그리며 날아가는 축구공을 보고 갑자기 '아하!' 하는 탄성을 지릅니다. 잊고 있던 수학 문제의 실마리가 잡히면서 한 순간에 풀리는 경험을 한 것입니다. 그러고는 너무 좋아서 교실로 뛰어 들어와 담임교사에게 큰 소리로 말합니다. 모르겠던 문제가 축구하는 동안 풀렸다고 말이지요. 담임교사는 그런 학생을 바라보며 뭉클함을 느낍니다. 그가 성장해서 얼마나 멋지고 신나게 이 세상을 살아갈지 상상이 되기 때문입니다.

본격적인 논의에 앞서 한 가지만 기억하면 좋겠습니다. 통찰은 충분한 몰두 뒤, 잠시 딴짓을 할 때 일어난다는 사실을 말이지요. 우리 아이들이 잠시 딴짓을 할 때, 그들의 통찰력은 배가되고 있다는 사실을 꼭 염두에 두시기 바랍니다.

## 직관은 논리가 필요 없다

> **아기는 자궁에 있을 때부터**
> **어른들의 대화를 엿듣기 시작하며**
> **자기 주변의 문제와 갈등도 직관적으로 알아차린다.**
>
> 아동정신분석가 프랑수와즈 돌토

"범인도 노력하는 경찰한테는 잡혀준다."

JTBC 드라마 〈힘쎈 여자 도봉순〉에서 강력3팀 팀장으로 나왔던 '최무인'의 대사입니다. 최무인에 따르면 1980년대 드라마 〈수사반장〉 86화에 나오는 명대사라고 합니다. 그는 이 드라마에서 육감六感을 자랑하는 형사로 등장합니다. 사실 '형사의 육감'이라는 표현은 범죄 관련 스릴러 드라마 혹은 영화에서 자주 들을 수 있습니다.

심리 용어 사전에서는 '육감'이란 "분석적 사고가 아닌, 직관적으로 사태의 진상을 알아차리는 정신 작용"이라고 설명합니다. 흔히 우리가 알고 있는 '분석적 사고'란 그 기본 전제에 '논리'를 내포하고 있습니다. 인과관계가 분명하다는 뜻이지요. 이런 관계를 바탕으로 분류하고 구분을 합니다. 더 나아가 끝없이 세분화하거나, 반대로 연결점을 찾아서 통합하는 단계로 계속 올라가기도 합니다. 드라마에 등장하는 형사들의 입장에서 이러한 분석적 사고는 아마도 '과학수사'에 해당될 겁니다. 발견되는 단서를 분류하고, 연결하고 그것을 통해 결정적인 증거를 밝혀내는 과정이겠지요. 그런데 어째서 늘, 한국의 수사 드라마에 등장하는 형사들은 직관적으로 알아차림을 뜻하는 육감이라는 표현을 쓸까요? 범인을 잡기 위해서는 그 무엇보다 결정적 증거를 찾아야 하는데도 말이지요. 그것은 아마도 형사들의 경험상 수사의 실마리를 찾는 데 분석보다 직관을 우선적으로 활용한 적이 많아서 그런 게 아닐까요?

예를 들면 이런 겁니다. 사건 현장에 도착했을 때, 범인은 이미 사라지고 없습니다. 결정적인 증거를 찾아보지만 이미 사건 현장은 훼손되어 있습니다. 그럴 때 형사들은 암담하겠지요. 사건만 있을 뿐 어디서부터 출발해야 할지 막막할 테니까요. 논리적으로 추론하거나 이성적으로 판단해볼 수 있는 그 어떤 분석적 요소가 하나도 없을 때, 사람은 본능적으로 직관을 활용합니다. 혹은 아주 작은 단서 하나를 가지고 전혀 논리성이 없어도 그 이상을 상상하고 바라봅니다. 결국 자신의 직관을 자주 활용하게 되는 환경적 요소가 형사들의 '감'을 더욱 날카롭게 만들었을 겁니다. 그리고 그것을 육감이라고 표현했겠지요. 자주 특정 감각을 사용한다는 것은, 교육적 관점에서 볼 때 자주 활용하도록 학습시킨다는 의미와 맥락이 같습니다.

담임교사로서 매일 아침 의식적으로 하는 행동이 있습니다. 10년 가까이 하다 보니 지금은 거의 습관처럼 되었습니다. 그것은 아침 독서를 하는 학생들의 머리를 한 번씩 쓰다듬어주고 지나가는 것입니다. 아침에 학생들이 등교하면 수업 시간 전까지 책상에 앉아서 차분하게 책을 읽도록 지도합니다. 그런 아이들의 모습을 보면 그들이 상상의 날개를 펴고 몰입하고 있음이 느껴집니다.

하루는 이런 일이 있었습니다. 그날도 어김없이 자리에서 일어나 학생들 사이를 천천히 지나가며 책을 읽는 아이들의 머리를 쓰다듬어주었습니다. 늘 반복되는 일상의 하나였지요. 그런데 쉬는 시간에 한 학생이 제게 쪼르르 다가와 한마디 말을 던지고 지나갔습니다.

"선생님, 오늘은 머리를 쓰다듬어주실 때 애정이 안 느껴졌어요."

가끔 머리를 안 쓰다듬어주고 건너뛰었다는 이야기는 들은 적이 있지만, 애정이 안 느껴졌다는 표현은 처음이었습니다. 이 말을 듣고 스스로를 곰곰이 되짚어보자 원인이 떠올랐습니다. 그날 저는 급히 결재를 맡아야 할 서류 업무에 온통 신경을 쓰고 있었습니다. 평소처럼 아이들의 머리를 쓰다듬었지만, 생각은 온통 공문 처리에 가 있었던 것이지요. '아차!' 하는 생각이 들었습니다. 그 뒤부터는 아무리 바쁘고 번잡스러운 일이 가득해도 머리를 쓰다듬어주는 순간만큼은 마음까지 정성을 다합니다.

이 사례에서 우리가 생각해볼 것이 있습니다. 그 아이는 어떻게 평소와 똑같은 일상 속에서, 단지 머리를 쓰다듬는 그 손길의 느낌만으로 저의 상태를 읽어낼 수 있었을까요? 혹자는 '그거야 뭐 당연히 느낄 수 있는 거 아니야?'라고 생각할 수 있습니다. 하지만 그렇게 단순하지 않습니다. 실질적으로는 당연히 느낄 수 있다고 생각해도, 논리적으로 볼 때는 당연한 일이 아니기 때문입니다. 만약 텔레비전 화면으로 당시의 상황을 보았다면, 저의 행동은 전혀 빈틈이 없었을 겁니다. 학생의 머리를 쓰다듬는 어제의 제 모습과, 오늘의 모습이 똑같다는 견지에서 말이지요. 과학자가 분명 똑같은 실험을 반복했는데, 이상하게도 그 결과물이 전혀 다르게 나온 상황인 것입니다.

그 아이는 머리에 닿는 제 물리적 손길을 통해서, 전혀 논리적이거나 이성적이지 않은 어떤 다른 것을 알아차렸습니다. 분명 평소와 똑같은 무게의 손길이 스쳐갔지만 아이는 다른 느낌을 받았고, 그것은 적중했습니다. 제 마음속에 애정 어린 시선이 아닌, 일상에 쫓기는 일이 있었다는 사실을 말이지요. 그 아이의 직관은 제 내면을 관통하듯 바라본 것입니다.

이렇듯 직관은 논리적 순서나 과정에 차이가 없음에도, 의식하지 못하는 사이에 우리의 다양한 일상을 꿰뚫고 있습니다. 또 우리는 많은 부분, 그렇게 인식한 자료를 바탕으로 세상을 살아갑니다. 문제는 직관에도 함정이 있다는 것입니다. 직관은 비논리적이기 때문에, 잘못 판단한 경우 전혀 이치에 맞지 않는 사태를 초래할 수 있습니다. 그렇기 때문에 우리는 어떤 사물을 직관적으로 알아차린 순간, 그 직관이 맞았는지 검토해보아야 합니다.

서두에 언급한 드라마의 대사를 다시금 상기해봅니다. '범인도 노력하는 경찰한테는 잡혀준다.' 여기서 노력하는 경찰이란, 자신의 감만으로 생사람을 잡는 경찰은 아닐 겁니다. 일단 아무 단서도 없이 출발하거나 혹은 아주 작은 단서를 통해 범인을 직감하지만, 섣불리 판단하지 않고 자신의 직감을 뒷받침하는 증거를 합리적이고도 논리적으로 찾아가는 경찰을 뜻할 겁니다. 결국 그런 경찰만이 결정적 증거를 발견해서 범인도 인정할 수밖에 없는 상황을 만든다고 해석할 수 있을 것입니다.

직관은 논리를 필요로 하지 않습니다. 하지만 직관을 통해 알아차린 결과가 맞는 것인지 확인하기 위해서는 논리가 필요합니다. 따라서 직관 교육을 제대로 하려면 논리적 검산 과정을 포함시켜야 합니다. 문제를 푸는 법만 알려주어서는 완벽한 교육이 아닙니다. 아이들이 검산이라는 과정을 할 줄 알아야 비로소 온전히 가르쳤다고 할 수 있습니다.

# 직관 지수를 높여라

> **마음이라는 것은 사물을 미처 알기도 전에 움직인다.**
> **우리의 행동이 심사숙고의 결과라는 생각은**
> **허황된 망상임이 분명하다.**
>
> 데이비드 호킨스, 『의식 혁명』 중에서

1990년대 말 데이비드 호킨스의 『의식 혁명』이라는 저서가 한국에 번역되면서, 의식 수준에 대한 인식이 새롭게 조명되었습니다. 이 책은 현재까지 꾸준히 발행되면서 그 가치를 인정받고 있습니다. 왜 그럴까요? 그것은 우리가 피상적으로만 알고 있던 의식 수준을 호킨스가 눈에 보이도록 계층화시켰기 때문입니다. 이렇게 일목요연하게 정리된 의식 수준의 단계를 보면서 우리는 강하게 동기를 부여받습니다. 자기의 의식 수준을 더 상승시키고 싶다는 자아실현에 대한 욕구가 발동하는 것이지요.

같은 견지에서 직관의 수준을 정리해볼 필요가 있습니다. 왜냐하면 의식 수준 못지않게 직관 또한 우리에게 매우 모호한 영역이기 때문입니다. 인간이 직관을 활용한다는 것은 다양한 사례를 통해 확인할 수 있습니다. 대략 어떤 상황에, 어떤 방식으로 작동되는지도 저명한 학자들의 연구로 어느 정도 밝혀지고 있습니다. 하지만 산발적 또는 우연히 이루어지는 것처럼 보이는 직관 활용 사례를 통해 직관의 수준을 정리하기에는 아직 가야할 길이 멉니다. 그럼에도 직관 수준을 계층화해 나누어보는 시도는 중요합니다. 위에 언급했듯이, 더 높은 수준의 자아실현을 이루고자 하는 욕구는 누구에게나 내재해 있고, 그 단계가 가시적으로 나열되었을 때 우리의 실천 욕구가 더 쉽게 발동하기 때문입니다.

여러 자료를 살펴보았지만, 아쉽게도 아직까지 인간의 직관 능력을 그 수준별로 명확히 정리해놓은 연구를 찾기는 어려웠습니다. 어쩌면 당연한 결과일지도 모릅니다. 눈에 보이지 않는 작용에 어떤 단계라는 이름을 붙여 서열화하는 건 불가능에 가까운 일일 겁니다. 그래도 시도해볼 가치는 있습니다. 눈앞에 명확히 펼쳐진 무언가가 있을 때, 비로소 많은 이들이 다가갈 엄두를 낼 수 있기 때문입니다.

개인적으로 직관 능력을 어떻게 세분화할 수 있을지 고민하다가, 그 시도를 인간의 의식 에너지 수준에 빗대어 살펴볼 수 있지 않을까 생각해보았습니다. 인간의 의식이든 무의식이든, 그 에너지가 발동하는 데 분명 직관력이 영향을 미쳤을 거라는 전제하에 가능한 유추입니다.

데이비드 호킨스는 인간 의식의 수준을 일종의 에너지라고 정의했습니다. 가장 낮은 단계를 수치심이라 했고, 거기에 20이라는 에너지 점수를 주었습니다. 그밖에도 많은 단계가 있는데, 몇 가지를 언급해보면 슬픔 75, 욕망 125, 자존심 175, 중용 250, 포용 350, 사랑 500, 평화 600, 깨달음 700~1000입니다.

위에 나열된 의식 에너지 수준에서 맨 먼저 눈에 띄는 것은 깨달음의 수치입니다. 무려 700~1000에 이릅니다. 철학자라면 철인哲人에 해당할 테고, 종교인이라면 성인聖人 또는 득도得道에 이른 사람일 것입니다. 일반인이라면 자아실현을 이룬 상태이겠지요. 작고 소소한 일들 속에서도 문제 해결을 위한 깨달음이란 표현을 쓸 수 있겠지만, 여기서는 최상의 상태에 머물기 위한 깨달음이라고 해야 할 것입니다. 보통 '진리眞理의 상태'에 머문다고 표현을 하지요.

이러한 상태에 도달하거나 혹은 이러한 상황을 누리는 것 자체는 분명 지복至福의 단계라 할 수 있고, 그 상황을 가늠하는 것은 순수하게 직관의 기능에 의존해야 할 것입니다. 왜냐하면 그러한 상황은 논리나 이성의 단계로 단정 지을 수 없으므로 '직접 바라본다'는 뜻의 직관直觀을 쓰는 방법 말고는 측정할 길이 없을 것이기 때문입니다.

그렇다면 직관 지수의 가장 높은 단계는, 깨달음을 의식화하는 수준에 이를 수 있도록 작용하는 직관 능력이라고 할 수 있겠습니다. 이 직관에 이름을 지어준다면 무엇이 좋을까요? 일단 진리를 바라보는 눈의 역할을 하기에 '진리 직관'이라고 칭해보겠습니다.

이제 그럼 직관의 가장 낮은 단계를 찾아봅시다. 의식 에너지 수준에서는 수치심에 20을 주었습니다. 처음 이 수치를 보았을 때 의아했습니다. 수치심이라는 것은 부끄럽다는 뜻인데, 20이라는 점수를 주는 게 의외였습니다. 0점이나 마이너스가 되어야 한다고 생각했기 때문입니다.

하지만 다시 곰곰이 살펴보자, 수치심이라는 것도 의식 에너지에서는 매우 중요하다는 것을 알았습니다. 우리가 인간다우려면 부끄러움을 의식할 수 있는 수준에 있어야 하기 때문입니다. 만약 동물이 수치감을 느끼고 자신의 행동을 반성한다면, 그것은 엄청난 일이겠지요. 그런 면에서 수치스럽다는 느낌은 인간의 자존감에 있어 가장 중요하면서도 기본이 되는 단계라고 할 수 있을 것입니다. 수치스럽다는 느낌을 받으려면, 자신의 행동 혹은 잘못된 생각을 되짚어보는 성찰이 있어야 하고, 이 말은 적어도 최소한의 메타인지가 작동했다는 뜻이 됩니다. 이 메타인지의 작용에는 분명 '직관의 힘'이 내재되어 있겠지요. 그렇다면 이 직관에도 이름을 붙여보겠습니다. 자신의 허물을 되돌아보는 직관이라는 뜻에서 '반성 직관'이라고 칭하겠습니다.

이제 직관 지수의 시작과 끝이 정해졌습니다. 반성 직관에서 시작해 진리 직관에 이르는 것입니다. 그 사이에 각각의 의식 수준에 이르게 하는 직관들이 존재하겠지요. 그렇다면 일반적으로 직관력을 통해 발휘되는 '창의력'은 어느 단계에 놓아야 할까요? 저는 의식 에너지 수준에서 500을 받은 '사랑'의 수준에 놓고자 합니다. 이유는 간단합니다. 사랑에도 여러 단계가 있지만, 기본적으로 사랑에는 창조적 에너지가 있습니다. 창조적이라는 표현은 쉽게 말해서 무언가 계속 새로운 것을 만들어내는 것입니다. 사랑이라는 의식 에너지는 알게 모르게 인류가 자손을 창조해내 역사를 잇는데 중요한 역할을 했습니다. 만약 내가 누군가를 사랑하고 있다면, 자신에게 되물을 필요가 있습니다. 내가 사랑하는 그 대상을 위해서 계속 새로운 변화를 시도하고 있는지를 말입니다. 상대방에게 지속적으로 새로운 모습을 보여주려고 노력하고 있다면 적어도 사랑이 시작되었다고 말할 수 있을 겁니다.

그럼 정리해보겠습니다. 직관 지수는 수치심을 바라보는 '반성 직관'의 단계에서 시작해서 다양한 의식의 흐름 속에서 작용하며, 사랑이라는 새로움을 추구하는 '창의 직관'을 지나 절대 진리를 추구하는 '진리 직관'으로 귀결된다고 말이지요.

JYP 엔터테인먼트의 박진영 대표는 바쁜 일상 속에서도 매주 일요일이 되면, 자신의 방에서 자신의 존재를 있게 해준 것들에 대해 연구한다고 합니다. 다양한 경전을 펼쳐놓고 말이지요. 저는 이러한 행동을 진리 직관에 이르기 위한 시도를 게을리하지 않으려는 노력이라고 평하고 싶습니다. 산속 깊은 곳의 암좌에 앉아 면벽수행을 하는 수행자는 365일 24시간, 진리 직관에 이르기 위해 전력을 쏟아붓고 있다고 할 수 있겠지요.

교육자의 견지에서 볼 때, 교육을 통해 인간의 직관력을 인위적으로 끌어올릴 수 있는 단계는 창의 직관까지가 아닐까 생각합니다. 창의 직관을 넘어서는 기쁨과 평화의 단계 혹은 진리 추구의 수준은, 교육이 아닌 수련修鍊을 통해 이루어질 것입니다.

이 책 후반부에서 주로 언급할 '아이들을 위한 전략적 직관 교육 실천법'은 창의 직관까지 가는 길을 안내하기 위해 고안한 방법입니다. 하지만 조심스럽게 단언하건대, 그 이상의 직관 지수에 이르기 위한 방안도 별반 다르지는 않을 겁니다. 단지 얼마나 더 깊이 있게 몰두했느냐의 차이일 뿐입니다.

Q

직관 교육이 잘 정착된 나라가 있는지요?
사례가 궁금합니다.

A

사실 '직관 교육'이라는 명칭을 공식적으로 사용하면서 교육 커리큘럼에 직접적으로 반영하는 나라는 찾기 어렵습니다. 왜냐하면, 직관을 해석하고 분석하고 논리적으로 설명한 역사 자체가 짧기 때문입니다. 최근 들어 경영학자들에 의해 직관이 재조명되고 실효성을 인정받으면서 그 중요성이 대두되었다고 할 수 있지요. 그래도 수천 년의 역사 속에서 자연스레 환경적으로 직관을 발달시킨 민족은 있습니다.

바로 유대인입니다. 그들은 어떤 위기의 순간에도 교육만큼은 철저히 실행해왔는데요. 그 중심에는 '토라Torah'가 있습니다. 토라는 일반적으로 유대인의 율법서라고 이해하고 있지요. 폭넓게 이야기해서 구약성서인데요. 그들은 창세기에 하느님이 6일 동안 천지를 창조하고 7일째 되던 날 쉬었다는 내용을 근거로, 자신들 또한 안식일을 정해서 쉬는 시간을 철저히 영위해왔습니다.

안식일은 히브리어로 '샤바트'라고 하는데요. 이 말의 뜻은 '일을 중지하다', '행동을 멈추다', '휴식하다'입니다. 유대인은 수천 년 동안 매주 이 휴식의 시간을 반드시 지켜왔고, 지금도 안식일을 지키며 생활하고 있습니다.

그들은 의도적으로 직관 능력을 키우려 했다기보다, 역사적 가르침 속에서 지속적으로 '멈춤의 시간'을 보장받으며 살아온 것이지요. 어찌되었든 결과적으로 유대인은 직관이 충분히 발휘될 수 있는 환경을 긴 역사 동안 이어온 것입니다. 직관은 무언가에 몰입하는 순간 발휘되는 것이 아니라 몰입 후 잠시 쉬는 동안 역동적으로 움직이기 때문이지요.

즉, 유대인은 전통적으로 쉼의 시간을 확보함로써 자신들의 직관력을 끊임없이 상승시켜왔다고 할 수 있겠습니다. 그들이 전 세계에서 노벨상을 가장 많이 수상한 사실도 이와 관련이 있지 않을까요?

---

'쉬는 시간'에는 역사의 위인 혹은 세상에 업적을 남긴 이들이 삶의 매 순간에 어떻게 기지를 발휘했는지 살펴보면서, 직관의 활용 사례를 들어보겠습니다. 너무 사례가 많아서 그것만 정리해도 책 한 권이 거뜬히 채워질 정도입니다. 따라서 이곳에는 그 모든 사례를 전부 나열하기보다는 대표성을 지닌 몇 사람을 선별해 소개하려고 합니다. 직관이 모든 분야에 전방위적으로 영향을 주었다는 사실을 언급하기 위해, 몇 개의 분야로 나누어서 소개하겠습니다.

우선 국가의 운명을 좌지우지하는 전쟁 상황에서 직관적 해결책을 발휘한 인물로 이순신과 나폴레옹 보나파르트를 살펴보겠습니다. 과학자로는, 인류의 기존 패러다임을 바꾼 위대한 발견자인 아이작 뉴턴과 알베르트 아인슈타인에 대해 알아보고, 번득이는 아이디어를 가진 사람이자 뛰어난 사업가이기도 한 토머스 에디슨과 스티브 잡스의 예를 소개합니다. 또 불세출의 축구 감독 거스 히딩크와 알렉스 퍼거슨, 공익을 디자인하는 배상민과 이제석의 사례를 통해 그들이 문제와 마주해 어떻게 직관을 활용했는지 살펴보겠습니다.

쉬는 시간

전략적 직관의 고수들 1

# 이순신과 나폴레옹

동헌에 나가 공무를 본 뒤에
활 열다섯 순을 쏘았다.

이순신, 『난중일기』 중에서

이순신, 대한민국 국민이라면 남녀노소 모르는 사람이 없지요. 그런 그가 임진왜란이라는 난국 속에서도 꾸준히 행한 것이 있습니다. 혹자는 그의 취미였다고 표현하는 이도 있지만, 제가 볼 때는 단순 취미 정도로 여길 수 없는 것입니다. 그것은 바로 '활쏘기'입니다. 진쟁 중이라는 급박한 상황에도 이순신은 하루 업무를 마치고는 줄곧 활쏘기를 했습니다. 『난중일기』를 읽다 보면 활쏘기를 했다는 구절이 자주 등장합니다. 늘 하던 일이었음에도, 다른 일과는 기술하지 않으면서 하루 일과를 활쏘기한 것으로 마무리 짓는 대목도 많습니다. "공무를 본 뒤에 활 열다섯 순을 쏘았다"라는 구절처럼 말이지요.

활 열 순은 50발을 쏘았다는 뜻입니다. 따라서 열다섯 순은 75발을 쏘았다는 뜻이 됩니다. 그가 매번 열다섯 순을 쏜 것은 아닙니다. 어느 날은 열 순을 쏘기도 했지요. 열다섯 순과 열 순의 중간인 60발을 평균치로 잡았을 때, 60개의 화살을 쉬지 않고 30초 간격으로 쏘았다면 활을 모두 쏘는 데 약 30분 정도가 걸릴 겁니다. 간격을 1분으로 본다면 1시간가량을 활쏘기에 집중했다고 볼 수 있습니다.

이순신의 직관 활용을 언급하면서 왜 활쏘기를 설명하는지 궁금할 것입니다. 직관은 몰두하던 업무 혹은 과제에서 잠시 벗어난 순간에 잘 발휘되는데, 그 순간이 이순신에게는 활을 쏘는 시간이었기 때문입니다. 이순신에게는 많은 해결 과제가 있었을 것입니다. 적진의 상황 파악, 수군 내부의 결속, 정치적 모략에 대한 대응, 가장으로서의 책임, 자식으로서의 도리 등 말입니다. 그는 이 과제를 고민하고 연구하고 숙고하고 몰입하는 과정에 충실한 뒤, 시간을 내 꾸준히 활쏘기를 했습니다. 활쏘기를 하는 순간만큼은 생각과 고민에 잠겼던 자기를 내려놓고 오직 과녁만 응시했을 것입니다. 의도적이었든 비의도적이었든, 그의 생활 습관은 직관이 발휘되기에 좋았습니다.

삼성경제연구소 김태정 수석연구원은 『여해汝諧 이순신』이라는 책을 인용하면서 이렇게 표현합니다.

"그의 간결한 결단력은 주위 사람들을 여러 번 놀라게 했다. 옳다고 판단되면 과감히 실행에 옮겼고, 그 과정에서 맞닥뜨릴 문제점이나 결과가 미칠 영향 등에 관해서는 복잡하게 생각해 머뭇거리는 바가 없었다."

'간결한 결단력, 복잡하게 생각해 머뭇거리는 바가 없음'. 이러한 태도는 사실 직관력을 발휘하는 모습과 매우 흡사합니다. 직관은 논리와 이성을 꿰뚫어 직접 바라보기 때문에 머뭇거릴 틈을 주지 않습니다. 난세의 영웅들은 그러한 직관의 음성에 즉각적으로 반응할 준비가 되어 있는 사람들이었습니다.

이제 나폴레옹의 이야기를 하겠습니다. 이순신이 전쟁의 격동과 바쁜 공무 중에 활쏘기를 통해서 멈추는 시간을 마련했다면, 나폴레옹은 어떻게 유예 시간을 확보했을까요? 그에게는 독서가 있었습니다. 나폴레옹은 전쟁터에서도 책 읽기를 즐겼습니다. 군수물자를 운송하기에도 벅찼을 상황에도 서적을 운반하는 마차가 별도로 있었다고 합니다. 물론 그 서적을 관리하는 사서도 따로 있었습니다. 심지어 전쟁터에 있는 동안 신간 도서가 나오면 사서들이 직접 전쟁터까지 운반을 해왔다고 합니다.

『전쟁론』의 저자이자 탁월한 군사전략가인 카를 폰 클라우제비츠는 나폴레옹식 전략 구사의 핵심을 '쿠되이coup d'oeil'라고 표현했습니다. 쉽게 표현하면 '임기응변'이라고 말할 수 있습니다. 하지만 깊이 있게 그 의미를 내면화하면 '갑작스러운 통찰'에 가깝습니다.

국가의 운명을 좌지우지하는 전투에서 나폴레옹은 어떻게 순간적인 통찰에 의존한 채 수많은 병사를 승리로 이끌 수 있었을까요? 이는 어찌 보면 무책임하고 무모헤 보이기도 합니다. 하지만 그는 이미 넘칠 정도의 독서를 통해 많은 전략사를 통째로 익혔습니다. 즉 모든 분석을 마친 상태입니다. 그리고 기다리면서, 구체적 상황 속에서 접목할 수 있는 전략이 발견되었을 때만 자신의 생각대로 움직였습니다. 이는 당시의 전쟁사적 흐름과는 다른 양상이었습니다. 결국 예측할 수 없는 그의 전략 구사에 상대방은 끌려다

닐 수밖에 없었지요. 나폴레옹은 말합니다.

"전투는 한순간의 생각에서 비롯된다. 중대한 시점에 이르면 심리적으로 번뜩이는 섬광이 결정을 내린다."

나폴레옹은 독서를 통해 분석을 마치고 번뜩이는 섬광이 결정을 내릴 때까지 기다렸습니다. 이렇게 보면 마치 그가 전쟁 관련 서적만 주로 읽었을 것 같지만, 그는 시도 많이 읽었습니다. 특히 단테의 작품은 쪽수까지 외울 정도였다고 합니다. 편지를 쓸 때도 시를 즐겨 인용했습니다.

흔히들 시를 함축적이라고 합니다. 혹은 응축된 표현이라고도 합니다. 깊은 의미를 꿰뚫고 있기 때문이지요. 시詩라는 한자어를 쪼개어 보면 '절 사寺'에 '말씀 언言'이 붙어 있습니다. 절에서 사용하는 말이라는 뜻이지요. 스님이 묵언 수행을 하다가 깨달음을 얻었을 때 던지는 한마디 화두와 같이 깊은 성찰이 담겼다는 뜻입니다. 그러한 시를 즐겨 읽은 나폴레옹에게 어찌 보면 번뜩이는 섬광은 자연스러운 일이었을지도 모릅니다.

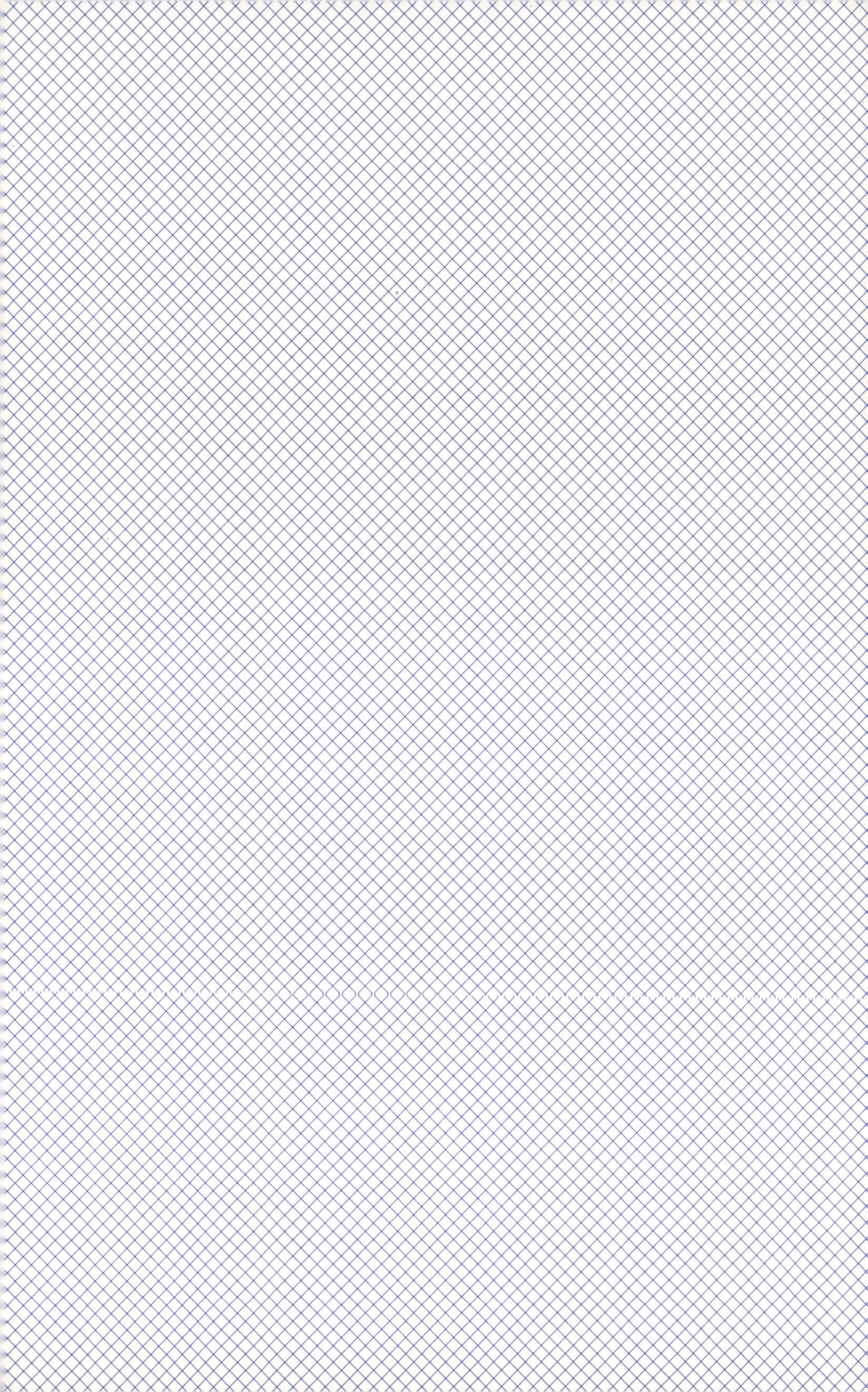

# 2교시
# 직관 교육 이전에 선행할 과제

## 부모의 안정 욕구 제거

> **대부분 큰 조직은 개인의 창의성을 잘 발굴해주지 못하는 문화가 많은데 이제 회사가 살기 위해서는 숨은 괴짜를 잘 찾아 기용해야 합니다.**
>
> 한국전력 사장 조환익, 『매일경제신문』 인터뷰 중에서



2017년 3월, 메리츠금융그룹 존 리 대표이사와 개인적으로 짧은 시간 동안 면담을 가졌습니다. 어린이 경제 교육의 일환으로 존 리의 어린이 대상 증권 강의를 참관한 뒤였지요. 강의를 듣고 잠시 그의 사무실에서 몇 마디 나누면서 그분께 부탁을 드렸습니다. 제가 근무하는 학교에서 학부모 대상으로 어린이 경제 교육 강의를 해주시면 좋겠다고요. 그러자 그가 기꺼이 시간을 내겠다고 하면서 동시에 제게 건넨 말이 있습니다. 가급적이면 학부모보다 학생들을 만나고 싶다는 것이었습니다. 그간 학부모를 대상으로, 사교육 지출 비용을 줄이고 아이들에게 경제 및 주식 관련 교육을 해야 한다고 강의를 했지만 변화를 느끼지 못했다는 것이 그 이유였습니다.

왜 학부모 대상 교육이 그들을 변화시키지 못한 걸까요? 분명 강의를 듣는 학부모의 눈빛은 여느 똘똘한 학생 못지않게 몰입하는 듯 보였는데 말이지요.

좋은 강의 내용에 공감하고 그리 실천해야 하겠다고 다짐하면서도, 막상 사교육 비용을 줄이자니 자녀가 다른 아이보다 뒤쳐질 것 같고, 지금 당장의 시험 성적을 유지하거나 높이고 싶은 유혹을 내려놓기도 어려웠을 겁니다.

이미 어른이 되어버린 이들은 다른 사람이 가지 않는 길은 걸으려고 하지 않습니다. 위험할 것 같고, 자신만 이상한 길로 가고 있다는 두려움도 몰려오지요. 일종의 고정관념이라고 할 수도 있을 겁니다. 저는 조금 더 개인적으로 접근해서 '욕망의 안정된 추구'라고 칭하고 싶습니다. 분명 더 나은 삶에 대한 욕구와 욕망은 있으되, 그 과정에서 위험해 보이는 요소들은 일단 피하고 싶은 것이지요.

이러한 욕망의 안정된 추구는 초등학생의 직관 활용 교육에 매우 방해가 됩니다. 왜냐하면 직관의 최대 분출구는 안정이 아니라 '불안'에 있기 때문입니다. 조금 순화해서 표현하면 직관은 문제를 극복해보고자 하는 긴장감이 있을 때 그 힘을 발휘하기 때문입니다.

학부모의 욕망에 대해 좀 더 살펴보겠습니다. 내 자녀를 더 나은 교육 환경에 노출시키고 싶고, 아이가 보다 반듯한 어른으로 자라서 후에 주위에서 인정받는 위치에 오르기를 바라는 욕망을 탓할 수는 없습니다. 이것은 욕망이라기보다는 '바람'이라고 해야겠지요. 지극히 순수하고 당연한 바람입니다.

문제는 그것을 추구할 때, 안정성을 지향하고자 하는 지나친 방어기제가 발동한다는 것입니다. 가와모토 건축사무소 대표 야노 케이조는 그의 저서에서 이렇게 말합니다.

"사람에게는 직감이란 게 있어서 '논리적으로 설명할 수는 없지만 왠지 끌린다'거나 '아무래도 느낌이 좋지 않다'는 예감이 적중할 때가 많다. 그래서 부정적인 감정이 축적된 환경에 가면 '마음에 들지 않는다'거나 '마음이 편하지 않다'는 느낌이 들곤 한다."

그는 주거 환경을 설명하면서 직감을 언급했지만, 저는 이것을 더 확대해석하고자 합니다. 외부 환경에서조차도 끌리는 것 혹은 반대로 좋지 않은 느낌을 감지해내는 것이 우리의 직감이라면, 아이들이 부모의 욕망 아래서 느끼는 방어기제의 압력은 더욱 거셀 것입니다.

아이들은 매우 직관적으로 주변을 의식합니다. 그리고 바로 알아차립니다. 부모가 아무 말을 하지 않더라도 화가 났는지, 기분이 좋은지 등을 말이지요. 처음에는 자기 내면에서 자연스레 나오는 창의적 시도에 대한 부모의 사소한 반응을 통해 그 강약을 조절합니다. 긍정적 피드백이 느껴질 때 계속 시도를 하게 되고 부정적 느낌을 받을 때 주춤하거나 바로 멈추어버립니다.

매년 새로운 학급을 맡을 때마다 이런 아이들이 꼭 한두 명씩은 있습니다. 수업 중 혹은 친구와 놀다가도 혼자 멍하니 먼 산 바라보듯 생각에 잠기는 아이들이지요. 담임이나 학부모 입장에서는 좀 답답해 보입니다. 그리고 걱정이 앞서지요. '저렇게 넋 놓고 있을 때가 아닌데……' 하고 말이지요. 주변의 변화에 빠르게 대처해야 성과를 올리고, 치열함 속에서도 갈 길을 찾아나가려면 정신을 바짝 차려야 가능한데, 일명 '멍 때리기'를 반복하면 나중에 어른이 되어 어찌 살아갈 것인가 하고 불안해집니다.

안정이라는 것은 반드시 필요합니다. 특히 자녀를 보호하는 입장에서는 매우 중요한 요소입니다. 하지만 언젠가 자녀는 홀로서기를 해야 합니다. 그리고 그 홀로서기의 과정에서 늘 새로운 도전과 불안정한 요소를 마주하게 됩니다. 미처 예상하기도 전에, 계획된 바 없는 일련의 사태들로써 말입니다.

결론을 말하자면, 부모의 안정 욕구를 채우려고 자녀를 둘러싼 테두리를 견고하게 할수록, 자녀는 성장해서 불안정과 직면할 능력을 상실할 가능성이 높습니다. 불안정 요소를 마주할 때마다 발휘되는 직관의 기지를 활용할 기회가 없었기 때문입니다. 창의적 발상으로 새로운 것을 시도할 때마다 마주치는 부모의 안정 욕구는 아이를 주춤하게 만듭니다. 자신의 직관을 따르기보다 억누르는 생활이 습관이 됩니다. 그래서 진취적으로 다가오는 아이디어를 망설이거나 포기하지요. 직관적 착상이 떠오를 때마다 자기도 모르게 눌러버립니다. 그리고 계획되고 예상되는 일들에 자신을 맡깁니다. 공무원의 길이 자신의 꿈이라고 착각하면서 말입니다.

교육자로서 또 학부모로서, 우리가 인생의 선배라는 이유로 아이에게 안정을 강요해서는 안 됩니다. 스스로의 욕망·욕구·바람은 인정하되, 자녀의 길을 미리 평탄하게 포장해줄 필요는 없습니다. 아이들 내면의 직관이 요구하는 것은 스스로의 길을 개척하는 즐거움을 맛보는 것이기 때문입니다.

갑작스레 에쿠니 가오리의 소설 『울 준비는 되어 있다』가 떠오르는군요. 그녀는 말하지요.

"사람들이 만사에 대처하는 방식은 늘 이 세상에서 처음 있는 것이고 한 번뿐인 것이라서 놀랍도록 진지하고 극적입니다."

우리는 그저 '울 준비'를 하고 있으면 됩니다. 어른들의 안정 욕구를 거부하고 자신의 길을 떠나가는 그들을 보면서 말입니다. 비록 그것이 어른들이 보기에 상처투성이인 길로 가는 것 같아 가슴이 아플지라도, 우리의 몫은 그저 처절하게 울어주는 것입니다. 지난날 그렇게 박차며 내 길을 걸어보지 못한 자신을 위로하면서 말이지요.

## 경험의 축적

> **경험을 통해 지식을 쌓다 보면**
> **진정한 문제 해결에 도움이 될 만한**
> **아이디어나 기술을 우연히 만나게 된다.**
>
> 제임스 마커스 바크, 『공부와 열정』 중에서



직관은 꿰뚫습니다. 혹은 순식간에 연결시킵니다. 그런데 직관이 발휘되기 위한 필요조건이 있습니다. 꿰뚫어야 할, 연결해야 할 어떤 대상들이 두서없이 나열되어 있어야 한다는 것입니다. 직관은 아무것도 없는 무無의 상태에서 발휘되기보다는 자신을 가로막고 있는 무언가가 있을 때 신나 하며 그것을 뚫기를 좋아합니다.

제임스 마커스 바크의 이야기를 잠깐 해보겠습니다. 스무 살에 애플 컴퓨터사의 최연소 매니저가 된 인물입니다. 학교는 열여섯 살까지 다녔습니다. 그 이후 스스로 독학을 했다고 하는 편이 맞을 겁니다. 그는 자신을 두고 버커니어buccaneer식 학습을 한다고 칭합니다. 버커니어는 고급스럽게 표현해서 사략선원私掠船員을 뜻하지요. 그냥 쉽게 표현하면 해적입니다. 그는 자신이 미치 해적질하듯 닥치는 대로 주변의 것을 획득하는 방식으로 학습한다고 말합니다.

한번은 이런 사례를 소개합니다. 한 변호사에게서 자사의 소프트웨어 제품이 특허권을 침해했는지 알아봐달라고 제안이 왔습니다. 당시 바크는 특허권 침해 관련 테스트를 전혀 해보지 않은 상황이었습니다. 하지만 그는 바로 하겠다고 대답합니다. 이유는 간단했습니다. 한 번도 해보지 않았지만, 어떤 목적으로든 소프트웨어를 테스트할 수 있을 거라는 판단이 들었고, 그 일을 착수할 만한 수준은 된다고 생각했기 때문이었습니다. 모르거나 막히는 부분은 배워가면서 진행하면 된다는 경험적 확신을 갖고 있었습니다. 이것이 그의 버커니어식 학습의 한 단면입니다. 일단 마주하는 문제에서 시작하는 것이 중요하며, 그렇게 더 나아가 일을 마칠 때쯤 되면 그 분야에 유능한 상태가 됨을 그는 알고 있었습니다.

다른 관점에서는, 실력이 되든 안 되든 일단 뛰어들고 보는 무모한 사람이라고 평할 수도 있을 겁니다. 하지만 저는 바크가 무모함만을 가지고 그런 시도를 한 것은 아니라고 봅니다. 평소 마음이 이끌리는 것에 버커니어식으로 몰두했던 그의 축적된 경험이 도전을 가능하게 했을 것입니다. 더 나아가 그의 메타인지는 알고 있었겠지요. 그간 그가 해왔던 버커니어 방식이라면, 이 정도 새로운 난관도 얼마든지 같은 방식으로 해결해나갈 수 있다고 말이지요.

새롭고도 도전적인 문제와 마주한 그는 회피하지 않았습니다. 그냥 호언장담을 한 것은 더더욱 아니었습니다. 기존에 자신이 한 경험을 토대로 해결 지점을 찾아들어가기 시작했고, 새롭고 모르는 부분에 대해서는 또 다시 획득하듯 정보를 끌어모아 또 다른 재료의 데이터로 축적합니다. 그러한 과정을 그는 '철저한 물색으로 내게 필요한 자원과 도구를 찾아낸다'고 표현합니다. 그렇게 수집된 자료를 바탕으로 억지로 무언가 끄집어내려 하기보다, 자기 의식의 흐름에 집중하고자 하는 메타인지를 통해 해결 지점에 진입한다고 합니다.

전혀 듣지도 보지도 못한 문제와 마주하면 일단 데이터를 수집하고 몰두해서 연구한 뒤, 직관력이 발휘되는 메타인지를 통해 구슬을 꿰듯 연결시켜버리는 것이지요. 이렇듯 직관은 자신이 가지고 놀아야 하는 재료가 충분할 때 그 능력을 드러냅니다.

심리학의 대가인 칼 로저스는 "창의성은 개인의 특성과 그 개인을 둘러싼 사건·사람·자료·자기 생활사의 어떤 상황 등에서 생성되는 과정"이라고 표현합니다. 이렇듯 창의성이 직관력을 통해 발휘된다고 본다면, 경험이 축적되어 데이터를 구축하고 있을 때야말로 직관이 그 진가를 발휘한다고 할 수 있습니다.

그런데 여기서 유의할 점이 있습니다. 경험의 축적이 목적 없이 이루어지면 그저 나열에 불과하다는 겁니다. 적어도 경험 혹은 정보 수집에 있어 추구하고자 하는 목적이 분명할 때 직관은 그것들을 가감 없이 건드리고 연결시킵니다.

예를 들면 이런 겁니다. 재즈 음악을 좋아하는 사람이 무수히 많은 재즈를 듣고 즐기는 데는 직관이 크게 필요 없습니다. 감성적으로 자신의 마음을 건드리는 재즈를 들으며 그 순간을 즐기는 것에서 끝나기 때문입니다. 하지만 재즈를 직접 작곡한다는 목적을 가지고 재즈를 듣는다면 상황이 달라집니다. 재즈를 들으면서 영감을 받았던 부분에 좀 더 몰입하게 되는 취사선택이 일어납니다. 그리고 재즈뿐 아니라 다른 장르의 음악을 들으면서도 자연스럽게 본인이 작곡하고자 하는 방향으로 생각을 연결시키는 직관이 발휘됩니다.

적절한 사례를 '가왕'이라 불리는 가수 조용필을 통해 확인할 수 있습니다. 예전에 〈신해철의 음악도시〉라는 라디오 프로그램에 뮤지션을 소개하는 코너가 있었는데, 그때 조용필이 출연했습니다. 신해철은 조용필에게 묻습니다. "작곡을 하다가 슬럼프에 빠지거나 막힐 때는 어떻게 하십니까?" 조용필은 이렇게 대답합니다.

"막힐 때는 일단 중단을 해요. 며칠이 지난 다음에 다른 나라를 가지요. 대부분 미국을 가요. 혼자 레코드 가게에 가서 옛날 노래부터 최신 노래까지 막 사요. 100장 살 때도 있고 많이 살 때는 300장까지 살 때도 있어요. 사 가지고 호텔에 앉아서 바로 들어요.

거기서 추려요. 추리고 추려서 듣고 '내가 지금 이 음악을 왜 좋다고 느끼는지' 생각해내는 거지요."

조용필에게 작곡이란 그저 조용히 작업실에 앉아서 떠오르는 악곡을 오선지에 그려넣는 것이 아니었습니다. 기존에 접한 모든 음악을 바탕으로 좋은 것을 추리고 추려서 시대가 요구하는 흐름을 읽어내는 작업이었습니다. 그리고 자신만의 색깔을 입혔지요. 그러다가 막히면 과감히 멈추고 아직 접하지 못한 다른 음악을 경험하기 위해 외국으로 건너가 음악 CD를 수백 장 구해 듣고는 추리는 작업을 반복합니다. 한 장의 새로운 앨범을 창조하기 위해 그가 들으며 감각하는 음악이 수천 곡이 된다는 뜻입니다. 보통 앨범 한 장에 열 곡 정도는 들어 있으니까요. 엄청난 체득의 경험이 아닐 수 없습니다. 그러한 과정을 통해 새롭게 탄생하는 앨범이니, 우리는 '역시 가왕 조용필' 하고 감탄할 수밖에요.

특정 목적을 이루거나 해결하기 위한 몰입에는 데이터가 기본입니다. 그러한 경험적 데이터가 아주 많고, 그것이 잘 선별될수록 직관은 그 데이터를 가지고 신나게 장난을 칩니다. 그러다가 '빵!' 하고 전혀 다른 무언가를 만들어내지요. 창작자들은 그 순간 환희를 느낍니다. 아르키메데스가 외친 '유레카!'를 만나게 되는 것이지요.

## 데이터 분석은 기본

> **경제학자인 나는 교육이나 자녀 양육 문제를 다룰 때 데이터를 가장 신뢰한다. 그렇다 보니 주로 하는 일은 대규모 데이터를 이용한 교육 문제 분석이다.**
>
> 나카무로 마키코, 『데이터가 뒤집은 공부의 진실』 중에서

직관이 비논리적이라고 해서 논리성을 띤 연구 및 분석을 가볍게 여겨서는 안 됩니다. 직관을 활용한 결과물이 기존 것들과 전혀 연관성이 없어 보일 뿐, 그 과정에서 논리적 분석 및 체계적 분류는 필연적으로 선행되어야 합니다. 단지 논리성 안에 머무르려고 하거나, 기존 분류 및 체계에 머무르려는 안정 지향에 멈추어서는 안 될 뿐입니다.

데이터 분석은 쉬운 말로 바꾸면 데이터 해체라고도 할 수 있습니다. 『에디톨로지』의 저자 김정운은 자신의 저서에서 창조는 데이터 해체와 결합을 통해 이루어진다고 설명하고 있습니다. 더불어 이어령의 작업 방식을 소개하고 있는데요. 이어령은 어떤 고전을 읽으면 단지 그 뜻을 이해하는 데 멈추지 않는다고 합니다. 문장의 구조를 하나씩 의심하면서 해체하는 과정을 거친다고 합니다. 그렇게 해체된 문장은 다시 새롭게 결합될 여지가 생기는 것이지요. 문장을 해체하고, 선택하고, 결합하는 과정을 통해 새로운 창조적 사유가 진행된다고 표현합니다.

교실에서도 비슷한 사례가 종종 발생합니다. 그런데 아이러니하게도 분석과 해체를 시도하는 학생은 교사를 난감하게 만들 때

가 많습니다. 더더욱 곤란한 상황은 물 흐르듯 계획된 대로 매끄럽게 진행되어야 할 공개수업에서 이런 의문이 불쑥 튀어나올 때입니다. 그런 질문은 담임의 등에 식은땀이 흐르게 하지요. 이렇듯 수업 목표 자체를 지향하는 기존 수업 방식에서는 포용하기 참 어려운 발칙한(?) 아이들이 아닐 수 없습니다. 그럼에도 그런 의문 없이 그저 100점을 맞는 학생보다, 발칙한 의문을 품는 아이의 생생한 눈빛에 더욱 역동적인 미래가 보이는 듯합니다.

앞 장에서 언급한 '경험의 축적'은 데이터 수집이라고 간단하게 말씀드릴 수 있습니다. 이곳에서 다루는 데이터 분석은 수집된 데이터의 선별 작업입니다. 구분 혹은 분류라고 할 수도 있고, 김정운의 표현대로 해체라고 할 수도 있습니다. 어떻게 표현하든 공통되는 요소가 있는데, 그것은 인과관계에 의존한다는 것입니다. 쉽게 표현해서 나름 논리적으로 파고들어야 한다는 말입니다. 더욱 정확히 표현하면 논리적 의심을 가지고 출발해야 한다는 것입니다.

다행히도 논리적 의심을 가지고 분해하고 조합하는 과정을 거쳐서 문제가 해결되면 굳이 직관까지 활용할 필요가 없습니다. 어찌 보면 기존의 방식대로 처리가 가능한 문제라고 하겠지요. 하지만 인과관계를 철저하게 파고들었음에도 해결되지 않는 문제도 많습니다. 또는 복잡한 요소가 그물망처럼 얽혀 있어서, 모든 상황에 적합한 해결책을 제시하지 못하는 상황에 직면할 수도 있습니다. 그런 문제에 직면했음을 인식할 때, 직관이 발휘될 순간과 마주하는 것입니다.

바꾸어 표현해서 직관이 최대로 발휘되는 상황이란, 방대한 자료를 수집하고 철저하게 분석했음에도 해결책이 보이지 않는 암담한 상황이라는 말입니다. 그래야만 우리의 내면은 비상 상황을 선포하고 직관을 투입시킵니다. 자료 수집하기도 귀찮고, 분석은 더더욱 하기 싫고, 어디서 당첨된 복권이 뚝 떨어지기를 기다리는 마음으로 그저 하늘만 바라보고 있다면, 이는 창의적인 해결책은 고사하고 일반적 방법으로 해결할 수 있는 문제들조차 외면하는 꼴입니다.

지난 19대 대선 과정에서 대선 주자들이 데이터 분석보다는 트럭 유세에 더 심혈을 기울였다는 기사를 보았습니다. 강윤모 한국 피스컬노트FiscalNote 지사장의 의견인데요. 내용인즉 이렇습니다. 미국에서 버락 오바마 캠프는 데이터 분석에 대규모 투자를 하고 이를 통해 선거 전략을 세운 것으로 유명하지만, 한국에서는 아직 데이터 분석을 중요하게 여기지 않는 듯하다는 것입니다. 그는 "그저 단순히 트럭 타고 유세하는 게 우선이 된다"라고 표현합니다.

다양한 사람의 사고방식, 무수히 많은 여론과 각계각층의 요구를 관통하는 미래지향적 방향을 모색해서 새로운 대한민국의 비전을 제시하고자 하는 대통령 후보라면, 트럭보다는 데이터 분석에 집중했어야 맞습니다. 그 어떤 사람보다도 해결책을 제시하기 어려운 문제와 직면하는 직분에 있기 때문입니다. 더불어 대선 후보라면 과감한 통찰로 문제의 해결책을 제시해야 하는데, 그저 상대 후보의 단점을 파악하는 데만 총력을 기울인 건 아닌가 하는 생각이 듭니다. 대통령 후보들의 전략적 직관 리더십의 부재를 보여주는 모습이었다고 판단되는 대목입니다. 분석할 능력이 되지 않는다면 유수 분석 자료를 돈을 주고 사서라도 파악하려는 의지를 보였어야 합니다. 적어도 그 모든 문제를 관통하는 직관을 발휘하고 싶었다면 말입니다.

암기를 강요하는 주입식 교육에 대한 반론이 많습니다. 그러나 경험의 축적이란 측면에서 암기는 자연스럽게 필요조건이 됩니다. 다양한 데이터, 경험을 접하다 보면 상황에 대한 암기가 저절로 이루어집니다. 데이터 수집 차원에서 암기는 긍정적이라 할 수 있습니다. 논리적 분석의 토대가 되기 때문입니다. 단지 암기만을 강요하고 거기서 멈추는 교육은 아이를 질식시킬 뿐입니다. 자료 습득이 어느 정도 충족되면 논리적 사고를 통한 분석을 할 차례입니다. 지금의 학교 교육은 이 단계까지 아주 탁월하게 해내고 있습니다. 그 부분은 인정할 만하고 칭찬받을 만합니다. 교직 현장에서 해가 거듭할수록 느끼는 것은, 아이들의 논리적 사고력이 점점 더 좋아지고 있다는 것입니다. 학교에서도 다양한 수업 모형과 과정적 수행 평가를 통해, 단순 암기를 넘어 자신의 생각을 논리적으로 피력하는 과정을 중시합니다. 어찌 보면 한국의 공교육이 나름 직관 활용을 위한 전제 조건을 갖추는 쪽으로 알게 모르게 변화해왔다고 볼 수 있습니다. 단지 아쉬움이 있다면 그 과정이 더디어 보인다는 것입니다. 이유는 4차 산업혁명이 너무도 빠르게 진행되고 있기 때문입니다. 우리 교육은 아직까지 정해진 답이 있는 과정을 논리적으로 분석하는 데 머무르고 있습니다.

후반부에 구체적인 방법을 언급하겠지만, 일단 먼저 한 가지를 제시합니다. 초등 자녀를 직관력을 최대한 활용하는 아이로 키우고 싶다면, 논리로 해결할 수 없는 문제를 자주 제시하시기 바랍니다. 그것은 '발산적 질문'을 통해서 가능합니다. 논리적 분석을 통해 해결책을 낼 수 없는 문제를 학교 수업 과정에 더 많이 포함시켜야 합니다. 가정에서도 아이들에게 일상적으로 이러한 질문을 던져야 합니다.

이곳에서 제가 강조하고자 하는 것은 한 가지입니다. 직관을 활용하려면 데이터 분석에 소홀해서는 안 된다는 것입니다. 이는 제 개인적 의견이 아닙니다. 많은 직관 전문가의 공통된 목소리입니다. 단지 저는 그것을 어떻게 초등교육에 효과적으로 접목할 수 있을지 교육적 방안을 고민하고 시도할 뿐입니다.

## 응축의 시간을 견디기

> **가령 슬픔을 통과할 때,**
>
> **그 슬픔이 아무리 갑작스러운 것이라도**
>
> **그 사람은 이미 울 준비가 되어 있습니다.**
>
> 에쿠니 가오리, 『울 준비는 되어 있다』 작가 후기 중에서



에쿠니 가오리의 소설 『울 준비는 되어 있다』. 이 책은 제목을 보는 것만으로 제 안의 울컥하는 응어리를 꿈틀대게 합니다. 어떻게 제목만으로 감정을 솟구치게 할 수 있을까요? 신기합니다. 그래서 한동안 서점에서 책을 들고서 제목을 가만히 응시한 적이 있습니다. 그러다가 문득 떠오른 생각이 있습니다.

'제목이 참 시적이구나.'

시라는 것은 참 특이합니다. 좋은 시를 읽노라면 짧은 문장, 혹은 단어 하나에서 숨소리가 들리듯 심장박동이 요동칩니다. 어떤 작용이 그런 과정을 가능하게 할까? 궁금해한 적이 있습니다. '시가 가진, 거침없이 관통하는 맛이 내면의 직관을 건드리는 것은 아닐까?' 하는 생각을 해봅니다. 또는 '시민이 품을 수 있는 함축성이 내가 그동안 쌓아놓기만 한 여러 잡다한 것을 한순간에 엮는 직관을 움직이게 하는 것은 아닐까?' 하는 추측을 해봅니다.

이미 앞에서 방대한 자료(경험)의 축적과 자료에 대한 철저한 데이터 분석이 필요하다고 말했습니다. 여기서는 그러한 인위적 수고를 거쳐 숙성 단계에 이르는 과정을 말하고자 합니다. 직관의 과정에는 충분한 발효의 시간이 필요합니다.

혹시 '효소'라는 것을 아시는지요. 일상에서 쉽게 접하는 효소로는 매실 효소를 들 수 있을 겁니다. 그럼 효소를 담그려는 할머니 혹은 어머니의 모습을 떠올려보겠습니다. 우선 시장을 다니면서 튼실한 매실을 고릅니다. 매실은 대부분 푸른 빛깔을 띠지만, 보기 드물게 야산에서 자란 황매실이 있습니다. 농장에서 키운 것보다 크기도 작고 보잘 것 없어 보이지만, 오랜 세월 매실 효소를 담가온 어머님들은 조금 웃돈을 주고서라도 황매실을 봉지 가득 삽니다. 그리고 독성분이 있는 씨앗을 제거하고 항아리에 차곡차곡 담습니다. 마지막으로 설탕을 한가득 붓지요. 그러고는 최소 6개월을 기다립니다. 가장 맛이 좋고 매실 효소로서 제 역할을 하려면 최소 2~3년을 기다려야 합니다. 중간중간에 뒤집어주는 건 필수지요.

단지 나무 열매일 뿐인 매실이 효소라는 전혀 다른 성분으로 충분히 바뀌는 데는 자그마치 2년이라는 시간이 걸립니다. 그런데 더욱 의아한 것은 그 과정을 누구도 과학적으로 밝히고 있지 않다는 것입니다. 이건 그 과정을 밝히는 것이 불가능하기 때문입니다. 단지 효소가 몸에 어떻게 좋다는 것을 사례를 들어 언급할 뿐이지요.

직관이 발휘되는 과정도 이와 비슷합니다. 시장에서 좋은 매실을 골라서 비닐봉지 가득 사듯, 다양하게 경험을 쌓으면서 문제 해결을 위한 자료를 축적합니다. 매실에서 독성분이 있는 씨앗을 제거하듯, 축적한 자료를 논리적으로 선별하고 구분합니다. 모든 준비가 끝난 뒤 설탕을 붓고 기다리듯, 문제 해결을 위해 충분히 몰입한 뒤 잠시 기다려야 합니다. 그 기다림의 시간을 저는 '응축의 견딤'이라고 표현하고 싶습니다.

비유적으로 표현했기에, 이를 과학적으로 증명하라고 하면 저도 할 말은 없습니다. 하지만 귀납적 추리는 충분히 가능합니다. 왜냐하면 직관을 연구해온 학자들이 수많은 사례를 들면서 이러한 과정을 거친 인물을 소개하고 있기 때문입니다. 이 책에도 각 교시의 '쉬는 시간'마다 두 명씩 총 열 명의 인물을 소개합니다.

모든 준비가 끝났다면(자료 모음 및 분석) 잠시 멈추고 기다려야 합니다. 그 기다림에는 인내가 필요합니다. 추구하던 바를 잠시라도 멈추면 안 될 것 같은 알 수 없는 두려움을 달래면서 말이지요.

"평균은 끝났다! average is over"

미국의 경제학자 타일러 코웬의 말입니다. 4차 산업혁명 시대에는 IT에 대한 이해도가 높을수록 더 많은 부의 기회를 획득할 것이라고 하면서 덧붙인 말입니다. 이 언급에 앞서, 이미 많은 사람이 IT에 대한 이해는 물론이고, 그것을 활용해야 할 필요성을 인식하고 있습니다. 심지어 반드시 그래야 한다는 당위까지 대두되고 있는 실정입니다.

저는 위의 표현도 매우 절제된 예시라고 생각합니다. 초등학생들이 어른이 될 불과 20~30년 후에는 이렇게 바뀔 겁니다.

"평균은 결코 없다! average is never"

이유는 간단합니다. IT에 대한 이해도가 높다고 하더라도, 인공지능을 따라잡기는 어렵습니다. 인공지능이 예측하지 못하는 직관적 결단력을 발휘하지 못한다면 말이지요. 창의적 발상을 통한 결단은 마치 순식간에 일어나는 듯 보이거나 감정적으로 무모한 선택처럼 보이지만, 사실 '응축의 시간'을 견딘 결과입니다. 바로 그렇기 때문에 초등학교 시기부터 직관 교육을 해야 한다고 강조하는 것입니다. 그 응축의 시간을 어떻게 계산해내느냐고 묻는다면 이렇게 말씀드릴 수 있습니다. 개인별로 차이가 날 수밖에 없겠지만, 직관 교육에 일찍 노출될수록 응축의 시간을 단축할 확률이 높다고 말이지요.

다음 장에서 언급을 하겠지만, 메타인지를 자주 활용할수록 응축의 시간을 단축할 수 있으리라 추측합니다. 메타인지라는 것은, 무언가를 하고 있는 나 자신을 의식하는 일종의 인식 수단입니다. 이러한 인식을 자주 활용하는 사람은 상당히 관조적인 성향을 보이는데, 이것이 자기 내면에서 솟아나오는 직관의 순간을 의식화해서 바라볼 수 있게 합니다. 바꿔 말하면 나도 모르게 튀어나오는 직관을 의식화하므로 잘못된 판단을 최소화할 수 있습니다. 동시에 어느 정도 응축의 시간을 기다려야 하는지도 자신의 메타인지로 파악할 수 있게 되지요.

무언가를 기다리는 행위는 기대와 불안을 동시에 내포합니다. 아직 불완전하기 때문이지요. 그런데 직관은 충분히 기다려주어야 발휘됩니다. 그 기다림을 견디는 방법이 바로 '딴짓'입니다. 몰입하던 것에서 잠시 멈추고, 산책을 하거나 샤워를 하거나 운동을 하면서 기다리는 것입니다. 딴짓을 하는 사이에도 메타인지는 알고 있습니다. 직관이 아직 해결되지 못한 문제를 끌어안고 해결책을 찾기 위해 데이터를 응축해나가고 있다는 사실을 말이지요.

『공부와 열정』의 저자 제임스 마커스 바크는 '버커니어식 학습'이라고 명명한 과정에서 '몰두하다가 잊어버리기'를 강조합니다. 늘 문제에 뛰어들다가도 때로는 그만두고 다른 일을 하라는 겁니다. 그리고 그 과정을 대수롭지 않게 여기라고요. 별 상관없다고 말이지요. 그러면서 그는 이렇게 말합니다. "'딴짓'은 문제가 아니라 문제를 푸는 방법"이라고 말이지요. 바크는 그 과정을 이렇게 설명합니다.

잠시 모든 걸 내려놓기
→ 내 무의식의 문을 격렬하게 두드리기
→ 문이 활짝 안 열리면 다시 모든 걸 내려놓기

문이 활짝 안 열렸다는 것은 아직 응축이 안 되었다는 뜻이고, 그러면 스스럼없이 다시 모든 걸 내려놓고 기다립니다. 무의식 안에서 직관이 알아서 격렬하게 문을 두드리고 있기에 아무 걱정 없이 말입니다. 그런데 안타깝게도 대개 사람들은 이 응축의 시간을 불안해하며 계속 의식적으로 몰입합니다. 왜냐하면 계속 노력해야 한다고 배웠기 때문입니다. 정말 안타까운 것은, 그 결과 응축의 여유도 없이 과부하가 걸리고 만다는 것입니다. 직관적 해결책이 싹 틀 기회도 갖지 못하고 말이지요.

싹이 트려면 반드시 겨울이 지나 봄까지 기다려야 합니다. 그 전에 싹이 돋아났다가는 꽃샘추위에 이내 사그라질 것입니다. 다음 장에 소개할 메타인지는 완연한 봄이 언제 오는지 우리에게 알려줍니다.

# '메타인지' 발동하기

**지금 어디에 계십니까?**

오스트리아의 정신과 의사 빅터 프랭클

가끔 예고 없이 졸업한 제자들이 교실 문을 열고 찾아올 때가 있습니다. 반갑기 그지없습니다. 그렇게 찾아온 제자와 이야기를 오래 나누고 싶은 마음이 굴뚝같지만, 상황이 여의치 않을 때가 많습니다. 일단 급한 대로 서랍에 있던 음료수나 초코파이 등을 손에 쥐어주고 몇 마디 안부를 묻습니다. 다들 잘 지낸다고 하지요. 그렇게 짧게 인사를 나누고는 다시 몇 년간 얼굴을 보지 못합니다.

그 와중에도 몇몇 아이는 저와 더 이야기를 나누려고 시도합니다. 눈빛에서 느껴집니다. 마침 운이 좋게도 비는 시간이 있어서 잠시나마 몇 마디를 더 던져봅니다. 그런 제자들에게는 선물을 하나 줍니다. '나침반'입니다. 상징적인 의미입니다. 어느 순간에도 자신이 가는 방향을 잊지 말라는 뜻입니다. 흔들리는 망망대해에서도, 칠흑 같은 깊은 골짜기에서도 나침반 하나면 절망에 빠지지 않을 수 있습니다. 갈 길이 아무리 멀다 해도, 길을 잃지 않았다는 사실을 보장받을 수 있기 때문입니다.

흔히 메타인지를 '자신의 의식을 바라보는 또 다른 눈'이라고 표현합니다. 철학자들의 말을 빌리면, 자신의 존재를 관조하듯 인식하는 또 다른 의식이라고 하지요. 저는 비유적으로 이렇게 표현하고 싶습니다. 메타인지는 자신의 현 위치를 되돌아보는 눈이라고 말이지요. 바다를 건너가는 선장이 나침반과 지도를 번갈아 보며, 자신이 가야할 길과 현재 위치를 동시에 파악하듯 말이지요. 메타인지는 이처럼 자신의 현 위치에 시선을 두려는 경향이 있습니다.

더 쉽게 표현하면 이렇습니다. 어떤 사람이 감정적으로 격해져서 막 화를 내고 있습니다. 그리고 온갖 욕을 쏟아내지요. 그는 화를 푸느라고 정신이 없습니다. 그때 메타인지가 작동하는 사람은 알아차립니다. '아 내가 지금 화를 내고 있구나' 하고 말이지요. 바꾸어 표현하면 '아 내가 지금 화를 내는 위치에 있구나'라고 아는 겁니다. 이처럼 자신의 위치가 파악된 순간 그는 선택을 하게 됩니다. 화를 더 낼지 아니면 멈출지 말이지요. 엄밀하게 말하면, 메타인지가 작동한 이후부터 비로소 그는 온전히 자신이 주체가 되어 화를 내거나 멈출 수 있게 되는 것입니다. 메타인지가 작동하기 전에는 '화'가 주체가 되어 자신을 끌고 갑니다. 그러므로 일상에서 메타인지의 작동은 중요합니다. 진정 자신이 주체가 되어 무언가를 시작하는 첫 순간이기 때문입니다.

메타인지를 자주 사용하는 습관은 직관 활용에 아주 좋은 도구를 획득한 것과 같습니다. 메타인지는 직관이 발휘되기 직전 충분한 몰입의 단계까지 갔을 때 자신을 바라봅니다. '자료 축적 및 분석도 충분하게 했고, 온전하게 몰입도 했네. 이제 잠시 쉬어야 하겠다' 하고 말입니다. 그리고 의식적으로 혹은 주체적으로 하던 일을 멈춥니다. 직관을 발휘할 수 있도록 여유를 만드는 것이지요.

평상시에 메타인지를 의식적으로 활용하는 방법이 있습니다. 바로 자기 자신에게 이렇게 질문하는 것입니다.

"내가 지금 뭘 하고 있는 거지?"

위 질문을 던지는 동시에 나는 나를 바라보는 눈인 메타인지로 나의 현 위치를 파악합니다. 교사나 학부모는 종종 아이들에게 비슷한 질문을 던집니다. 특히 하라고 시킨 것을 하지 않고 있는 아이들에게 말이지요.

"영수야, 지금 뭘 하고 있니?"

그럼 영수는 메타인지를 발휘해서 자신이 뭘 하고 있는지를 파악한 뒤 대답합니다.

"놀고 있는데요."

그나마 지금 뭘 하고 있는지를 물어보는 것은 다행입니다. 아이들의 메타인지를 작동시키기 때문입니다. 메타인지로 자신을 바라보는 아이들은 그 순간부터 주체적으로 고민하기 시작합니다. 더 놀아도 될지, 아니면 그만 멈추고 숙제를 해야 할지를 말입니다. 대개 어른들은 질문하기 이전에 강요를 하지요.

"당장 멈추고, 숙제부터 해라."

이 말을 들은 아이는 메타인지를 사용할 기회를 잃습니다. 자신이 무엇을 하고 있는지 자각하지 않은 채 숙제라는 단계로 바로 끌리듯 넘어가지요.

과거 1~3차 산업혁명과 4차 산업혁명이 구별되는 지점은 예측 불가능성이라고 합니다. 이처럼 예측 불가능한 일이 만연할 미래에 메타인지는 더욱 중요합니다. 눈앞의 순간마저 예측 불가능할 때라도 자신의 현 위치를 파악할 수 있게 돕기 때문입니다. 더불어 자신이 몰입해왔던 사안이 응축될 시간적 여유를 가지도록 합니다. 내가 무엇을 하고 있는지 메타인지는 의식하고 있기 때문이지요.

결론적으로 말씀드리면 메타인지를 수시로 활용하는 사람은 '자료 축적 및 분석 · 몰입 · 응축될 시간적 여유'라는 일련의 과정을 의식화해서 바라봅니다. 의식화한다는 것은 자기를 직접 이끌어 나간다는 말과 같습니다. 결국은 무의식을 의식의 차원까지 끌어올리는 데 직관이 결정적 역할을 하게 되지요.

## 논리적 표현 뒤로 미루기

> **과학자는 공식으로 사고하지 않는다.**
>
> 알베르트 아인슈타인

일상에서 직관력을 키우는 좋은 방법으로, 논리적 표현에 얽매이지 않는 습관을 들고 싶습니다. 논리적 표현은 자신이 발견한 확신을 타인에게 설득력 있게 전달하기 위해 나중에 시도하는 과정 정도라고 해두겠습니다.

창조적인 사람들의 사고법을 다룬 책인 『생각의 탄생』에 따르면 과학자는 수학적 언어로 사고하지 않는다고 합니다. 그들은 단지 자신만의 직관적 통찰을 다른 사람이 납득할 수 있게 표현해야 하는 위치에 있다고 말합니다. 그러면서 미국의 유전학자 바버라 매클린톡의 말을 인용합니다.

"과학적 방법으로 일을 한다는 것은 내가 직관적으로 알아낸 어떤 것을 과학의 틀 속으로 집어넣는 것이다."

이를테면 이런 겁니다. 직관을 활용해서 새로운 과학적 착상을 먼저 떠올립니다. 그러고 나서 곰곰이 생각을 하지요. 이 새로운 착상이 분명 맞을 거라는 확신이 드는데, 어떤 과정을 거쳐서 그 생각이 떠올랐는지는 잘 모릅니다. 단지 확신만 들 뿐입니다. 이때부터 자신의 아이디어를 증명하기 위해 논리적 추론 혹은 수학 공식을 접목하는 것이지요.

교실에서 글쓰기 수업을 하다 보면 직면하는 대표적인 어려움이 있습니다. 30명 정도의 아이들에게 주제를 던져줍니다. 그러면 아이들은 그 주제에 맞는 글을 쓰기 시작하지요. 그러다가 몇 분도 채 안 되어 한 아이가 손을 듭니다. 그러고는 질문합니다.

"선생님 이것 좀 봐주세요. 띄어쓰기가 이게 맞나요?"

그럼 저는 그 학생에게 다가가 띄어쓰기를 손봐줍니다. 그러면 이어서 다른 학생들이 우후죽순으로 손을 듭니다.

"선생님, 글자가 헷갈려요. 이 단어, 'ㅈ'이 받침으로 들어가는 게 맞나요? 아니면 'ㄷ'이 들어가는 게 맞나요?"

이렇게 문장의 맞춤법을 하나둘씩 대답해주다 보면 한 시간이 금방 지나갑니다. 문제는, 교사는 한 명이고 아이들은 수십 명이라는 것입니다. 학생들은 글을 쓰다가 맞춤법에서 막히는 부분이 생기면 그 순간 창의적 사고를 멈추고 기다립니다. 선생님이 자기 글을 손봐줄 때까지 말이지요. 그나마 맞춤법을 물어보는 아이들은 다행입니다. 몇몇 학생은 20분이 지나도록 첫 문장을 써내려가지 못합니다. 아직 머릿속에서 스토리가 마무리되지 못했다는 이유 때문입니다. 마무리까지 이야기가 논리적으로 전개되어야 글을 쓸 수 있다고 생각하는 것입니다. 그러니 시작조차 하지 못합니다.

그래서 저는 글쓰기 수업을 할 때 띄어쓰기나 맞춤법에 신경 쓰지 말라고 이야기해줍니다. 더불어 이야기 전체의 내용이 떠오르지 않아도, 일단 어떤 것이든 주제와 연결된 것이 떠오른다면 그것부터 써내려가라고 가르칩니다.

나중에 아이들이 쓴 글을 찬찬히 읽다 보면, 문맥이 어눌해 보여도 참신함이 돋보이는 글에서 매력을 느낍니다. 띄어쓰기나 단어가 좀 틀려도 전혀 문제 되지 않습니다. 막 돋아난 파릇한 풀처럼 새로움이 묻어난 글에서 생명력을 느낍니다.

분명 글쓰기에도 논리적 형식이 있습니다. 일반적인 글이라면 '서론-본론-결론'이 있으며 이야기 형식이라면 '기-승-전-결'

이 있습니다. 주장하는 글이라면 '주장'과 '뒷받침 문장'이 연결되어야 합니다. 그럼에도 저는 주제와 연관된 것이라면 무엇이라도 좋으니 일단 떠오르는 대로 써내려가라고 말합니다. 다른 사람의 이해를 돕기 위해 글의 형식에 내용을 맞추는 작업은 나중에 하라는 것이지요. 중요한 것은 일단 떠오르는 소재를 두서없이 글로 적는 것입니다. 더 정확하게 표현하자면 거침없이 생각나는 단상을 적어나가는 것입니다. 그러다가 보면 신기하게도 전혀 연관성이 없어 보이던 문장들 사이에 연결 고리가 생성됩니다.

물리학자 리처드 파인먼은 이렇게 이야기합니다.

"문제를 풀지 않고 느꼈다."

많은 수학 공식을 필요로 하는 물리학 문제에 그가 접근한 방식은 일단 느끼는 것이었습니다. 공식의 전개와 논리적 추론은 나중이었지요. 답처럼 떠오르는 것을 먼저 직감으로 느끼고, 공식은 나중에 검산을 위한 도구로 사용했던 것입니다.

누군가 자신의 직관을 반사적으로 사용하고 싶다면, 어떤 분야가 되었든 문제와 직면했을 때 마주하는 느낌에 자신을 내맡겨야 합니다. 심리학적으로 말하자면 문제 상황 자체가 자신에게 전이되어야 합니다. 마치 내담자의 문제가 상담자에게 전이되어 상담자 또한 비슷한 형태의 심리적 에너지를 받는 것처럼 말이지요. 심리상담자는 이 전이를 감지하면 논리적 분석에 들어갑니다. 혹시 자신이 느꼈던 감정의 단상이 내담자가 어릴 적 느꼈던 어떤 상처와 연관되어 있지는 않은지 살피는 거지요.

이제부터는 생각을 바꾸어야 합니다. 논리가 우선이 아닙니다. 논리는 차후 타인을 설득하기 위한 방편입니다. 직관적 결단이 먼저이며, 이를 증명하기 위한 인간적 노력이 논리 혹은 과학적 증명인 것입니다.

초등학교 과학 책은 두 종류로 나뉩니다. 하나는 이론적 설명이 있는 말 그대로 과학 책입니다. 다른 하나는 '실험 관찰'이라는 책입니다. 보통 과학 시간의 보조 교재로 통하지요. 그런데 과학적 증명을 최우선으로 하는 실험 관찰에서 맨 먼저 언급하는 것이 있습니다. 바로 '예상하기'입니다. 결국은 어떤 실험이든 실험자에게 가장 처음 요구하는 것은 '예상' 혹은 '추론'입니다. 즉 실험자는 실험하기 이전에 이미 자신의 직관을 발휘해서 결과를 예측해야 하는 것입니다. 나머지는 결과를 증명하는 과정에 불과합니다. 논리에 묶여 있다는 것은 현재에 얽매여 있다는 말입니다. 새로운 가설을 세울 줄 아는 아이만이 다가올 다양한 변수에 대응할 능력을 가질 수 있습니다. 논리는 잠시 미루어도 됩니다.

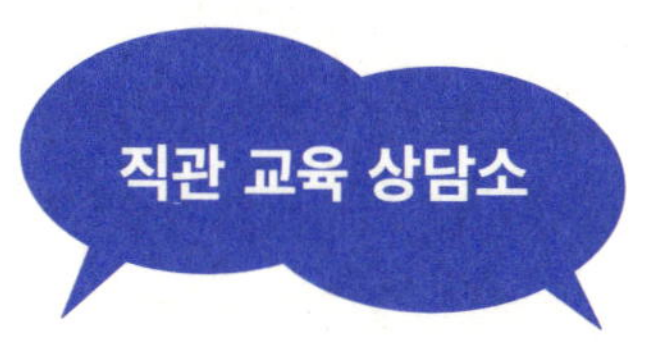


Q

수학과 과학을 좋아하는 아이의 엄마입니다.
수학과 과학 분야의 직관을 키우는 방법이 따로 있는지요?

A

직관을 '수학 직관, 과학 직관, 국어 직관, 사회 직관……' 이렇게 과목으로 나누기는 어렵습니다. 그렇게 나누는 것은 '지적 지능'에서나 가능합니다. 직관은 분야를 가리지 않습니다. 또 직관의 작동 패턴이 과목마다 다르다고 할 수도 없습니다. 직관이 작동하는 방식은 단순 명확하지요. 자료 수집, 분석과 몰입, 쉼, 그리고 통찰입니다.

수학 및 과학을 좋아하는 아이라면 자연스럽게 직관 활용의 기회를 가질 수 있습니다. 단 학원에서 문제집을 푸는 수준으로는 오히려 넘쳐나는 직관력을 사용할 기회를 잃을 수도 있습니다. 차라리 잘 풀리지 않는 수학 문제 또는 창의 과학적 문제 한 개 정도를 조그만 메모장에 적어서 들고 다니는 것이 좋습니다. 그리고 틈나는 대로 그 문제를 꺼내서 생각해보고 다시 생각해보면서 어떤 방식으로 풀면 이 문제를 해결할 수 있을지 다양하게 고민하는 시간을 갖도록 하는 것입니다. 깊은 몰입의 순간을 수시로 제공하는 것이지요.

그러다보면 어느 순간, 이 문제를 어떻게 풀면 되겠다는 실마리와 만나게 됩니다. 운동을 하다가 떠오를 수도 있고, 화장실에 앉아 있다가 생각날 수도 있습니다. 그런 짧고도 강렬한 경험을 하면, 앞서 과정을 스스로 반복해서 하게 됩니다. 하루 한 문제면 충분합니다. 단, 아이가 반나절 혹은 하루 정도 고민 후 풀 수 있는 난이도의 문제를 선별하는 게 좋습니다. 아이가 관심 있는 분야 또는 흥미를 가질만한 문제라면 더욱 좋겠지요.

쉬는 시간

전략적 직관의 고수들 2

# 뉴턴과 아인슈타인

1665년 영국에서는 흑사병이 유행했고 케임브리지 대학은 문을 닫았다. 이때 뉴턴은 2년 동안 고향에 내려가 있었다. 2년간의 한적한 시골살이는 과학과 철학에 대한 사색에 많은 시간을 할애할 수 있는 기회를 주었고, 이 시기에 그는 수학, 광학, 천문학, 물리학의 중요한 발견들을 해냈다.

위키백과 '아이작 뉴턴' 중에서

'아이작 뉴턴' 하면 맨 먼저 떠오르는 과일은 아마도 '사과'일 겁니다. 뉴턴이 사과가 떨어지는 것을 보고 '만유인력의 법칙'을 발견했다는 일화는 유명합니다. 물론 그것이 사실인지 아닌지에 대한 의견이 분분한 것도 사실이지만, 분명한 것은 이 위대한 발견들이 2년간의 한적한 시골 생활 중에 있었다는 것입니다.

어떤 이는 뉴턴이 이 시기에 시골에서 명상에 잠길 수 있었다고 말합니다. 그것이 사색이든 명상이든 혹은 깊은 성찰이든, 중요한 것은 뉴턴이 번잡한 대학의 의무에서 벗어나서 홀로 침잠할 수 있는 시간을 충분히 확보했다는 사실입니다.

과학사를 연구하는 이들은 이 기간을 '기적의 해'라고 부르기도 합니다. 단지 만유인력의 법칙을 발견해서가 아닙니다. 뉴턴은 이 기간에 물리학뿐 아니라 수학의 이항정리, 탄젠트법, 미적분법 등을 정리했습니다. 또한 햇빛이 여러 종류의 색을 지닌 광선이라는 사실을 밝혀내기도 합니다. 어떻게 해서 그가 뛰어난 몇 명의 과학자 혹은 수학자가 평생에 걸쳐 파악할 원리들을 2년이라는 짧은 기간에 발견할 수 있었는지 살펴보아야 하겠습니다.

저는 뉴턴의 몰입에서 그 시작점을 찾습니다. 그는 한 가지 의문이 생기면 타인이 보기에 지나치다 싶을 정도로 빠져들었습니다. 그 스스로도 "한 가지만을, 오직 그것 한 가지만을 생각했다"라고 표현할 정도입니다. 관련 독서에 무척 많은 시간을 썼으며, 문제와 연관된 아이디어나 생각이 떠오르면 반드시 메모를 남겼습니다. 이 같은 생활로 뉴턴은 과학 분야에서 깊은 내공을 쌓았습니다.

그렇게 몰입해서 응축하는 생활에서 잠시 패턴이 바뀝니다. 조용히 침잠할 수 있는 시골 생활을 하게 된 것이지요. 한적한 시골에서 충분한 사색을 하기 시작하자 그의 직관적 통찰은 폭발하듯 쏟아져 나왔습니다. 그는 과학계의 위대한 업적을 발견해낼 준비가 되어 있었습니다. 공교롭게도 그 순간은 대학 연구소나 실험실이 아닌 작은 시골 마을에서 펼쳐졌습니다.

뉴턴의 메모장에는 이렇게 적혀 있었다고 합니다.

"플라톤과 아리스토텔레스는 나의 친구다. 하지만 나의 가장 친한 친구는 진리다."

앞 부분에서 이야기한 직관 에너지의 수준으로 본다면, 그는 진리 직관을 사용하며 지복을 누린 사람이라고 표현할 수 있습니다. 그는 그에게 제시된 많은 궁금증을 연구와 몰입을 통해 내면에 응축시켰으며, 2년간의 시골 생활에서 발휘된 그의 직관적 성찰은 그렇게 응축된 모든 것을 꿰뚫어버렸습니다.

이제 아인슈타인을 살펴보겠습니다. 그는 독일에서 히틀러가 정권을 잡자, 시민권을 포기하고 베를린을 떠났습니다. 그리고 미국 프린스턴 대학으로 자리를 옮깁니다. 프린스턴에서 보낸 20년 동안 그는 단조로우면서도 절제된 생활을 했습니다. 소박해 보이는 2층 목조 가옥에서 아내와 살았습니다. 아인슈타인은 아침마다 산책을 하거나 혹은 연구소까지 걸어가는 것으로 산책을 대신했습니다. 연구소에 도착하면 연구를 하면서 동료들과 토론을 했습니다.

저는 그가 매일 아침 즐겨했다던 '산책'을 눈여겨보고 싶습니다. 이상하게도 위대한 업적을 남긴 많은 이들의 일상에는 대개 산책 시간이 있습니다. 바꿔서 표현하면, 그들은 산책 시간을 확보해 놓습니다. 칸트는 매일 오후 3시 반만 되면 긴 시간 산책을 했으며, 톨스토이는 새벽에 숲속으로의 산책을 즐겼습니다. 월터 아이작슨의 전기에 따르면 스티브 잡스 역시 산책을 정말 좋아했다고 합니다. 베토벤은 짧은 산책을 즐겼고, 산책 중 뭔가 떠오르면 종이에 적었습니다. 만약 이 책을 읽는 여러분 중에 나는 정말 열심히 살아왔고, 집중했고, 몰두했지만 이렇다 할 성과가 없었다고 생각하는 분이 있다면, 산책을 해보시기 바랍니다. 위대한 업적을 남긴 이들과 여러분의 차이는 산책을 즐겨 했느냐 안 했느냐일 수도 있습니다.

담임교사가 보기에 어린 시절 아인슈타인은 그리 영특해 보이는 학생은 아니었나봅니다. 생활기록부에서 그는 공상에 잠겨 있는 시간이 많은 아이 정도로 묘사됩니다. 현실과 상관없이 딴생각이 가득 찬 아이로 표현한 것이지요. 초등 담임을 하다 보면 비슷한 성향을 보이는 아이들을 만나곤 합니다. 수업과 상관없는 엉뚱한 대답이나 질문을 하는 아이들은 대부분 그런 아이들이었습니다. 이 아이들은 수업 시간 내내 생뚱맞은 상상을 하다가 갑작스레 떠오르는 질문을 두서없이 던지고는 합니다. 그들을 볼 때마다 마음 속으로 되뇝니다. '아인슈타인의 기질을 가진 아이로구나' 하고 말입니다. 실제로 한 학생에게는 아인슈타인이라는 별명을 지어주기도 했습니다. 그 학생은 그 말을 들을 때마다 무척 만족스러워했습니다.

직관이 발휘되기 위한 전제 조건은 몰입입니다. 그러나 직관이 발휘되는 순간은 '잠시 멈춘 시간'입니다. 그리고 '멍 때리듯' 앉아 있는 시간입니다. 표현이 좋아서 공상에 잠겼다고 하는 것이지, 속된 말로 그저 멍하니 교실에 앉아 있는 아인슈타인의 모습은 당시 담임교사에게 무척이나 한심해 보였을 겁니다. '저놈이 커서 뭐 하나 제대로 해낼 수 있을까?' 하고 말이지요. 그럼에도 그는 천재라고 불리는 과학자가 되었습니다.

산책하기와 멍 때리기는 아인슈타인이 가진 창조적 발상의 원천이 되었습니다. 그 순간 속에서 그의 직관이 춤을 춘 것이지요.

아인슈타인은 이렇게 말했습니다.

"정치는 순간을 위한 것이다. 방정식은 영원을 위한 것이다."

대부분 사람이 현실이라고 여기는 정치를 '순간'이라고 표현하고, 수학 책에서나 볼 수 있는 방정식을 '영원'이라고 표현한 그의 뇌 속에는 무엇이 자리하고 있는지 문득 궁금해집니다.

# 3교시
# 부모와 함께하는 '전략적 직관' 키우기

# 이름 짓기

> **내가 그의 이름을 불러주었을 때**
>
> **그는 나에게로 와서**
>
> **꽃이 되었다.**
>
> 김춘수, 「꽃」 중에서

이름을 지어주는 데는 상당한 내공이 필요합니다. 모든 것을 함축하면서도 동시에 의미를 내포해야 하기 때문입니다. 보통 글을 쓰는 사람은 제목을 맨 나중에 선정합니다. 자신이 쓴 글을 모두 끌어안은 단 한 단어를 찾기 위해 고심하지요. 매우 신중하면서도 어려운 작업입니다. 그런데 만약 아직 형체도 갖추지 못한 것에 이름을 지어준다면 그 과정은 어떨까요? 아마도 더욱 어려울 겁니다. 어찌 보면 이름을 짓는 데 비해 함축적 시를 쓰는 것이 더 쉬운 일이 될 수도 있습니다. 적어도 시는 몇 문장으로 표현이 가능하니까요. 하지만 단 한 단어로 이름을 지어주는 일은 더 많은 응축의 시간을 거쳐야 가능할 겁니다. 하지만 의외로 직관은 이름을 지어주는 과정에 더욱 신나게 작용합니다. 왜냐하면 직관이야말로 모든 것을 꿰뚫고 그에 걸맞은 이름을 찾아내는 데 선수이기 때문입니다.

어린아이일수록 이름을 지어주는 일에 재미를 느낍니다. 예를 들면 이런 겁니다. 어떤 인형을 사주었을 때, 누가 시키지 않아도 아이들은 그 인형에 이름을 붙여줍니다. 그리고 마치 살아 있는 존재를 다루듯 같이 대화를 하지요. 이름 짓기 놀이의 첫 단계입니다.

아이들은 나름대로 그 인형의 특징을 찾아내서 이름을 붙이거나 혹은 자신이 생각할 때 어감이 예쁜 이름을 금방 붙여줍니다. 이 과정에서 굳이 부모나 교사가 개입할 필요는 없습니다. 자연스럽게 일어나는 일이니까요.

초등학교 2~3학년쯤 된 아이들에게 조금 더 난이도 있는 과제를 제시해주면 그들은 직관을 적극적으로 활용합니다. 가령 같이 차를 타고 가다가 길가에 보이는 자동차 이름을 말하면서 묻는 겁니다.

"저 차는 소나타라는 차란다. 저 오른쪽에 있는 차는 마티즈라고 해. 귀엽게 생겼지. 저 앞에 흰색 차는 아반떼고, 저건 머스탱이네? 자주 보이는 차가 아닌데……. 너는 어떤 차 이름이 가장 마음에 드니? 모양 말고 그냥 차 이름만 보면 뭐가 제일 마음에 들어?"

그러면 아이들은 잠시 고민을 하다가 느낌이 좋은 차의 이름을 말합니다.

가령 "아반떼!" 하고 말이지요.

어떤 차의 이름을 좋다고 말하든 상관없습니다. 그다음 질문이 중요합니다.

"좋아, 그럼 다양한 자동차의 이름을 섞어서 더 멋진 이름을 만들어봐. 예를 들면 이런 거야. 소나타하구 아반떼하고 섞어서 '소반떼'라고 하면 어때?"

그러면 아이들은 바로 반응합니다.

"에이 그건 아니지. 촌스럽잖아. 소반떼가 뭐야. 소나타하고 소울하고 섞어서 소나울이 더 낫겠다."

위 내용은 하나의 사례일 뿐입니다. 우리 아이가 자동차에 관심이 없다면, 자녀가 관심을 가지고 있고 배경지식이 많은 대상을 선택해서 이름을 짓게 하는 방법도 있습니다. 예를 들어 만화 주인공의 이름을 섞어서 새로운 만화 캐릭터의 이름을 탄생시키는 방법도 있습니다. 대개 아이들은 만화 주인공의 이름을 열 개 이상씩 알고 있습니다. 꼭 주인공이 아니더라도 한 만화영화에 등장하는 인물들만 떠올려도 이미 엄청 많은 사전 지식을 가지고 있는 셈이지요. 그래서 즐겁게 이름을 만들 수 있는 여지가 생깁니다. '뽀로로'와 괴도 '조커'를 섞어서 '뽀조커'라는 새로운 캐릭터를 만들어내지요. 그리고 상상을 합니다. 만약 뽀조커를 그림으로 표현하면 얼마나 웃길까 하고 말이지요. 이때 시간이 된다면 새로 이름 지어준 캐릭터를 직접 그려보는 것도 좋은 방법이 됩니다. 이름에 걸맞은 새로운 존재를 탄생시키는 순간입니다.

다양한 음식의 이름을 섞어서 새로운 음식의 이름을 만들어내는 방법도 있습니다. 아이들에게 좋아하는 음식과 싫어하는 음식의 이름을 대라고 하면 금방 열 가지 이상의 음식을 떠올립니다. 이 역시 새로운 이름을 탄생시킬 좋은 재료가 됩니다. 더 나아가 자신이 새롭게 탄생시킨 음식을 요리로 만들어보고 싶다고 하는 경우도 있습니다. 예를 들어 탕수육과 짜장면을 섞어서 새로운 음식 이름을 만듭니다. '탕짜육'이라고 말이지요. 그 뒤 아이들은 상상합니다. 탕짜육은 어떤 맛일까 하고 말입니다. 시간적 여유가 된다면 배달을 시켜서 직접 만들어볼 수 있지요. 그 맛은 보장할 수 없지만 말입니다. 그렇게 탄생한 새로운 이름과 새로운 음식은 아이들에게 직관을 통한 무한 도전을 하게 만듭니다.

이름 짓기 놀이는 기차 타고 여행을 갈 때 시간 때우기에 좋습니다. 혹은 아이와 함께 산책을 할 때도 유용합니다. 아이와 어떻게 놀아주어야 할지 모르거나 그저 귀찮아서, 놀자고 보채는 아이에게 휴대전화를 건네주는 부모가 많습니다. 그나마 끝말잇기를 하면서 놀아주는 부모는 모르긴 몰라도 꽤 성의 있는 편일 겁니다. 그러한 순간에 자녀의 직관을 마음껏 활용하게 하는 놀이가 바로 이름 짓기 놀이입니다.

이름 짓기의 과정은 전혀 상관없는 여러 단어를 분해하고 삭제하고 다시 조합하면서 이상하리만큼 생각지도 못한 연결점을 찾아냅니다. 비논리적인 과정이지요. 우연하게 떠오르는 단어들을 이리저리 뗐다가 붙였다가 하는 과정이기 때문입니다. 이러한 비논리성의 연속상에서 직관은 활발하게 움직입니다. 논리를 벗어난 조합은 직관만이 가능하기 때문이지요. 실제 이러한 과정은 광고의 카피라이팅을 할 때나, 기업에서 제품에 이름을 붙일 때 기본적으로 사용하는 방법입니다. 이런 과정을 거쳐서 사람들에게 각인되는 영감적인 이름이 탄생하는 것이지요. 결코 우습게 볼 일이 아닙니다. 또 다양한 일을 구상하고 도전하는 사람들도 이러한 과정을 수없이 거쳐서 하나의 성공 비전을 찾아냅니다.

아이는 이름 짓기 놀이를 통해, 직관을 적극적으로 활용하면서 단 하나의 의미 있는 이름을 찾아냅니다. 그 과정에서 버려지는 많은 이름이 있지만, 그것을 실패라고 여기지 않습니다. 단지 과정일 뿐이지요. 더 좋은 이름을 찾아내기 위한 방편을 찾는 시도이기에 좌절하지 않습니다. 오히려 그것을 찾아내기까지 멈출 수 없는 즐거움을 주지요.

일반적인 학습에서는 100가지 문제 중에 99가지 문제를 틀리고 한 가지 문제를 맞히면 1점에 불과합니다. 하지만 직관을 활용한 이름 짓기 놀이는 99개의 마음에 들지 않는 이름을 버리고, 마음에 드는 단 하나의 이름을 찾으면 100점이 됩니다. 이처럼 직관 활용 과정을 누린 아이에게는 '학습된 무기력'이 싹틀 자리가 없습니다.

# 때로는 안 치우며 놀기

> **내가 만들다 만 작품들을 치우지 않고 있으면**
> **거기서 뭔가 놀라운 아이디어가 떠오르곤 했습니다.**
> **나중에는 그게 아주 만족스러운 작품이 됩니다.**
>
> '모빌'의 창시자 알렉산더 콜더

"지금 뭐하고 계십니까?"

"미생물을 가지고 놀고 있는데요."

'페니실리움Penicillium'이라는 푸른곰팡이에서 항생물질 '페니실린'을 발견한 세균학자 알렉산더 플레밍의 일상적 대답입니다. 그는 놀기 좋아하는 과학자였습니다. 엄밀히 말하자면 그에게는 연구가 노는 것이었지요. 다른 과학자들은 플레밍의 '노는 스타일'을 이해하지 못했다고 합니다. 특히 놀고 나서(연구하고 나서) 주변 정리에 신경을 쓰지 않는 모습을 말이지요. 그의 연구실 동료는 그러한 플레밍의 모습을 이렇게 묘사합니다.

"그에게는 물건을 버리기 전에 2~3주 정도 그대로 놔두는 습관이 있었습니다. 그러면서 예상 밖의 재미있는 현상이 우연히 일어나지 않을까 하면서 아주 면밀하게 관찰하곤 했습니다. 결론적으로 그가 항상 옳았습니다."

다양한 규칙을 적용하고 또 변형하면서 충분히 노는 아이가 창의력을 발휘한다는 것은, 굳이 많은 학자의 연구를 거론하지 않아도 이미 널리 알려진 이야기입니다. 그런데 한 가지 질문이 생깁니다. 알렉산더 플레밍의 사례를 보면 그는 놀고 나서 그 물건을 굳이 정리하려고 애쓰지 않았습니다. 오히려 맘껏 놀던 흔적을 즐기며 관조한 것 같은 인상마저 받습니다. 그렇다면 직관적 창의력은 어질러진 상황에서 우연적 상황과 마주하며 더 효과적으로 발휘되는 것은 아닐까요?

가정의 부모로서 또 학교의 교사로서 기본 생활 태도를 평가할 때, 정리 정돈 습관은 매우 중요하게 여기는 부분 중 하나입니다. 이 습관은 돌발적 사고를 예방하는 차원이 되기도 하지요. 그러나 아이의 감각적 직관을 활용하는 데는 이 습관이 오히려 방해가 될 수도 있습니다. 물건이 가지런히 정리된 상태는 매우 논리적 상태입니다. 사물이 돌출되지 않고 일목요연하게 분류되어 있으며 정해진 선상에 놓여 있지요. 하지만 이 책의 초반부터 일관되게 언급했듯, 직관은 논리적 상황보다는 오히려 논리를 벗어난 상황에서, 즉 비논리적이고 예측 불가능한 상황에서 그 능력이 발휘됩니다. 그런 측면에서 보면 어질러진 상태를 그대로 두는 것이 직관을 꺼내 쓰는 데 더 좋을 수 있습니다.

아이들을 가르치다 보면 매년 이런 학생을 목격합니다. 수업이 끝날 때쯤이면 이 학생의 책상에는 이것저것 잡다한 것이 쌓입니다. 1교시에 배웠던 국어 책, 2교시 수학 책, 3교시 미술 시간에 사용했던 색종이, 쉬는 시간에 가지고 놀았던 포켓몬 카드, 심지어 점심시간에 먹었던 숟가락까지…….

담임교사로서는 막막하기까지 하지요. 왜냐하면 몇 번을 이야기해도, 옆자리 짝이 도와서 함께 치워주어도 매일 마찬가지기 때문입니다. 정리라는 걸 도저히 할 수 없는 아이처럼 보입니다. 그렇다고 매번 그 학생을 언급하기엔 미안한 마음이 듭니다. 마치 잘못을 지적하듯 하루에도 몇 번씩 책상을 치우라고 한다면, 그 아이가 학교에서 교사에게 가장 많이 듣는 말이 '치우라'는 말이 될 것입니다.

그래서 가끔은 며칠씩 그냥 바라만 봅니다. 한 일주일쯤 지켜보면서 한 가지 발견한 게 있습니다. 그렇게 산만한 환경에서도 그런 학생들은 즐겁게 논다는 사실입니다. 전혀 불편한 기색 없이 말이지요. 수업 중에 국어 책도 뒤적였다가, 사회과부도 지도를 신기한 듯 보다가, 과학 책에서 앞으로 두 달 뒤에나 배울 단원을 열어놓고 재미나게 읽습니다. 그러다가 진행하는 수업과는 상관없는 엉뚱하고 난감한 질문을 불쑥 던지지요. 마치 정제되지 않은 원유를 바닥에 쏟아붓듯 말입니다.

이 정도가 되면 딜레마가 생깁니다. '정리 습관을 기르도록 계속 지도할 것인가? 아니면 흥미에 따라 움직이는 직관 활용을 돕기 위해 어질러진 상태를 용인할 것인가?'

개인적으로 내린 결론은 이렇습니다. 느닷없이 한번 물어보는 겁니다.

"명철아, 잠깐 국어 책 좀 가져와볼래?"

그런데 신기한 경우가 많습니다. 두서없고 정리가 안 된 듯 보여도, 아이들은 금방 국어 책을 찾아서 가져옵니다. 어지러워 보이지만 나름 자기만의 규칙이 있기 때문입니다. 그런 아이에게는 반드시 정리를 완벽하게 하도록 지시할 필요가 없습니다. 주변 어른이 보기에 불편한 것이지, 아이는 생활하는 데 지장이 없습니다. 그 흩어진 물건들 사이로 다양한 흥밋거리가 불쑥불쑥 찾아오지요.

그런데 만일 어떤 물건을 찾는 데 시간이 5분 이상 지체되거나, 그 물건의 존재를 아예 모른다면 그때는 개입이 필요합니다. 왜냐하면 그것은 그 아이에게도 불편한 상황이기 때문입니다.

정리가 안 된 듯 보일지라도 아이가 흩어진 물건들 사이로 원하는 걸 찾아낼 수 있다면, 그 상황을 용인해주어도 됩니다. 그곳은 아이에게 호기심을 마음껏 발휘하고 상상할 수 있는 공간이 됩니다. 아이의 직관을 통해 그 물건들을 붙였다 뗐다 하면서 마음껏 즐기지요. 그런데 갑작스레 떠오르는 생각을 펼치려 하는데 물건들 속에서 필요한 것을 찾지 못해서 그 순간을 놓치거나 시간이 지연되는 수준이라면, 그때는 정리하는 방식을 알려주어야 합니다. 이것이 딜레마에서 벗어나는 기준이 됩니다.

창조는 카오스(혼돈) 상태에서 발생합니다. 혼돈이 창조의 모태가 되는 것이지요. 쓰레기장처럼 변한 아이의 책상이나 방을 보고 긴 한숨을 내쉴 때가 많을 겁니다. 그때 이렇게 마음속으로 되뇌어보시기 바랍니다.

'우리 아이 방이 카오스 수준에 이르렀구나. 곧 뭔가 해내겠네.'

## 식물·동물 키우기

**옥수수를 연구할 때 나는 그것들의 외부에 있지 않았습니다.**
**나는 그 안에서 그 체계의 일부로 존재했습니다.**

노벨 생리의학상 수상자 바바라 매클린톡

'직관 활용'이라는 주제가 많은 이들의 조명을 받는 데 기여했던 분야를 꼽으라면 저는 '경영학'을 꼽겠습니다. 세상이 기업과 자본의 막대한 영향 아래 있는 현 시대에는 그것을 연구하는 학자들의 영향력이 크기 때문입니다. 경영학은 통계를 바탕으로 기업의 경영 현상을 관찰해서 그곳에 존재하는 법칙을 밝혀내고, 그것을 실천적 목적에 활용하는 것을 목적으로 삼습니다. 그런데 성공을 거둔 기업 리더들을 연구한 결과, 아이러니하게도 논리성이 결여된 듯 보이는 직관적이고도 과감한 결단에서 성공이 시작되었다는 사실이 경영학자들에게는 혼란으로 다가왔을 것입니다. 그리고 그 혼란을 다시 논리적으로 해석해야 직성(?)이 풀리는 그들은 결국 직관이라는 것을 과학적으로 정리하기 시작했고, 이는 많은 사람의 관심을 끌었습니다.

예술 문학 분야에서는 '직감' 혹은 '영감'이라는 단어가 자연스럽습니다. 그들에게 통찰은 자연스러운 일이고 이것을 통해 창조물을 만들어내는 것이 일상이기에, 이를 해석하려는 시도도 드물었습니다. 대중들도 몇몇 천재적 작가나 뛰어난 예술가에게 부여된 신비한 능력이라고 결론짓고 당연시했지요.

과학 분야에서도 직관은 큰 힘을 발휘했지만, 어찌되었든 그들은 모든 과학적 결과물을 결국 수학 공식으로 풀어냈습니다. 그 때문에 사람들은 주어진 공식을 익히고 활용하는 데 머물렀지, 과학자에게 맨 처음 다가왔던 질문 형태의 직관에 큰 관심을 갖지 않았습니다.

이처럼 경제·예술·과학 등 직관은 영향을 미치지 않은 분야가 없습니다. 저는 이 전제를 학생들의 정서교육으로 확대하고자 합니다. 더 나아가 유아 심리에도 접목할 수 있다고 봅니다. 우리는 정서적 교감, 혹은 공감이라는 표현을 자주 쓰는데, 이 교감 능력은 타인과 나를 하나로 묶어서 공동체 형성에 크게 이바지합니다. 그런데 교감의 시초에 직관이 다리를 놓는다는 사실을 혹시 아시는지요? 여기서는 이 사실에 대해 이야기를 해보고자 합니다.

아이들은 정서적인 교감을 잘 이룹니다. 생명이 없는 돌멩이하고도 이야기를 나누는 신비한 수준의 교감을 하지요. 그걸 보는 어른들은 이렇게 생각합니다. '아이니까', '어리니까', '그때는 다 그러니까'. 자신도 한때 그랬다는 걸 까맣게 잊었지만 말리지는 않습니다. '그러다가 말겠지' 할 뿐이지요. 그 정도면 그래도 아주 잘 이해해주는 편입니다. 자녀가 초등학생이 되었음에도 인형과 대화하면 이렇게 말하는 부모도 있습니다.

"이제 좀 어린애 같은 짓은 그만하지? 그럴 시간 있으면 영어 단어나 하나 더 외우지?"

그런데 안타깝게도 초등학교에서 타인과 문제를 일으키는 일명 '문제 학생'의 대부분은 교감 능력이 부족한 아이들입니다. 교육학에서는 문제 학생의 경우 '자기중심성'이 강하다고 해석을 합니다. 하지만 저는 조금 다른 견해를 가지고 있습니다. 교육학에서 말하는 자기중심성이라는 것은 일단 자기를 중심에 놓고 상대방과 교감을 한다는 뜻입니다. 즉 자기중심성이 강해도 상대방과 교감은 하는 것이지요. 따라서 자기중심적이라고 해서 상대방과의 단절을 뜻하는 것은 아닙니다. 자신에게 유리하고 좋은 쪽으로 교감하려는 성향이라고 보면 됩니다. 오히려 자기중심적인 학생들은, 교감을 하면서 점차 '밖에서는 내가 중심이 아닐 수도 있구나' 하는 상황을 겪고 시선을 타인에게 돌리기도 합니다. 성장의 과정을 밟는 것입니다.

반면 문제가 되는 학생들은 교감의 문이 차단되어 있습니다. 이 자리에서 그 차단의 원인까지 짚지는 않겠습니다. 학생마다 처한 환경이 다르고 심리적 원인도 다 다르므로, 그러한 내용은 아동정신분석의 측면에서 다루어야 할 것입니다. 제가 언급하고자 하는 처방은 이렇습니다. 교감이 차단되는 것을 막고 정서적 교감이 잘 이루어지도록 직관 교육이 도울 수 있다는 점입니다. 그 좋은 방법 중 하나는 바로 식물과 동물을 키우는 것입니다. 말이 필요 없으면서도 교감을 이룰 수 있는 대상과의 만남을 통해 정서적 개선이 가능합니다.

직관이 논리를 필요로 하지 않는다는 말은, 바꿔 표현하면 언어에 묶여 있지 않다는 말도 됩니다. 언어 이전에 바로 느끼는 것이지요. 아이들은 동물 혹은 식물과 같은 방식으로 대화를 합니다. 더 정확하게 표현하면 직관적으로 느낍니다. 말로는 사랑스럽다고 표현하지만 한순간에 거의 일치에 가까운 수준으로 동식물에게 다가갑니다. 추위에 떨고 있는 길 고양이를 보면서, 혹은 말라서 죽어가는 이름 모를 풀을 보면서 진심으로 가슴 아파합니다. 말 못하는 생명이 전해주는 메시지를 직관으로 알아차리는 것이지요. 그러한 경험을 한 아이들은 타인과의 관계에서도 같은 메시지를 알아차립니다. 그들이 말을 하지 않아도 표정, 말투, 그리고 사소한 행동에서 말이지요.

담임교사가 교단에서 아무리 좋은 말로 훈계를 해도 초등학교 저학년 아이들은 금방 잊어버립니다. 심지어 들은 적도 없다는 듯 행동을 합니다. 교사의 입장에서는 답답하고 화가 나지요. 하지만 그건 소통의 방식이 잘못되었기 때문입니다. 대부분의 아이들은 말보다 교감으로 소통을 합니다. 엄마, 아빠의 말투, 억양과 눈빛을 보고 기분을 알아차리지요. 거의 동물적 감각이라고 해도 좋을 정도입니다. 그런데 이 감각들이 초등학교 고학년이 되면서 점차 사라집니다. 그냥 말마디에 의존하는 형국으로 변화해갑니다. 무수히 던져지는 말 이면의 메시지를 감지해내지 못합니다. 사실 그 순간 교감이 멈추는 것입니다. 대인관계에서도 마찬가지입니다.

그런 견지에서 아이들에게 동물 혹은 식물을 자주 접하게 하고, 그것들을 키워보도록 권합니다. 말없이 통하는 교감 능력을 계속 유지시키는 좋은 방법입니다. 아이의 직관 능력은 동식물을 만나면 자동으로 발휘됩니다. 거의 그 생명체와 하나 되는 수준까지 말입니다. 이렇게 큰 아이는 타인과의 관계에서도 언어가 주는 메시지 이상의 것을 알아차립니다.

직관이 가진 창의적 능력은 어찌 보면 아주 작은 부분입니다. 그것보다 더 큰 직관의 능력은 '알아차림'입니다. 마치 코앞에서 보듯 바로 알아차리는 것이지요. 말을 하지 않아도 말입니다. 그 알아차림을 가장 많이 사용할 때는, 문제 해결을 위한 창의적 방안을 찾을 때보다 일상에서 가족 혹은 타인과 관계를 맺을 때일 것입니다.

직관을 통한 빠른 교감(알아차림)은 타인과 공존하는 데 우선적으로 필요합니다. 아이가 그러한 능력을 계속 유지할 수 있도록 도우려면 그들에게 자연과 교감하는 기회를 주는 게 좋습니다.

예전에 교실에서 토끼를 키운 적이 있습니다. 어느 날 아침, 토끼를 물끄러미 바라보던 학생이 제게 그러더군요. 토끼가 자기를 보고 웃었다고 말이지요. 토끼의 웃음을 알아채는 아이에게, 성장해서 타인과 교감하는 건 너무 쉬운 일일 겁니다.

Q

직관과 영감은 어떻게 다른지 궁금합니다.

A

참으로 어려운 질문입니다. 왜냐하면 직관과 영감은 거의 같은 패턴과 형태로 발현하기 때문입니다. 그래도 굳이 차이점을 들자면, 어떤 단어를 주로 사용하는지 그 현상을 보고 설명할 수 있겠습니다.

영감靈感은 주로 예술가들이 어떤 창작물을 만들어내는 과정 중에 떠오른 통찰의 순간을 말합니다. 그들은 '나는 영감을 받았다'라고 표현합니다. 그들에게 영감은 구체적인 창작물로 가시화됩니다. 음악가는 노래로, 미술가는 그림 또는 조각 작품으로 그 결과물을 표현하지요. 반면 직관은 구체적 창작물이 손에 잡히지 않는 철학자 혹은 깨달음을 얻었다고 하는 선지자先知者들이 사용합니다. 그들은 사유와 명상을 통해 '진리를 보았다'라고 표현하지요. 그들은 진리를 설명할 수 있다고 말하지 않습니다. 비로 '보았다'라고 합니다. 직관直觀이라는 말이 지닌 뜻 그대로입니다. 직접 바라보는 것입니다.

차이점을 한 가지 더 말씀드리겠습니다. 저는 가톨릭대학교에서 신학을 전공했기에, 성서 신학의 관점에서 두 단어의 차이점을 해석해보겠습니다. 성서에서는 영spirit을 '바람'에 비유합니다. 마치

스치듯 불어오는 어떤 현상이지요. 이런 견지에서 영적인 감각은 바람처럼 스쳐지나가는 무언가를 재빨리 가로채 자신의 것으로 활용하는 민첩성이 요구됩니다. 반면 직관은 민첩성보다 대범함을 요구합니다. 무언가를 보았다는 것은 무언가와 대면했다는 뜻이기 때문입니다. 구약성서에서는 신적인 존재를 마주하는 것을 무척 두려워합니다. 왜냐하면 그것은 곧 죽음을 의미하기 때문입니다. 그래서 신을 거룩한 존재로 표현하지요. '거룩하다'는 것은 신과 일정한 거리를 둬야 한다는 뜻입니다. 이처럼 직관을 활용하는 것에는 그만한 용기가 필요합니다.

영감을 얻은 사람은 마치 술 취한 사람처럼 혹은 음악에 맞추어 춤추는 사람처럼 흔들거립니다. 환희에 차 기뻐하지요. 하지만 직관으로 무언가를 바라보았을 때는 춤을 추기보다 날카로운 칼에 맞아 쓰러지듯 관통하는 느낌을 받지요.

충분한 설명이 되었는지요? 그 미묘한 차이를 구분하고자 하는 완벽성에 응원을 보냅니다. 끝으로 이렇게 말씀드리고 싶습니다. 술을 좋아하신다면 바로 알아차리실 겁니다. 영감은 '코냑' 같고 직관은 '보드카' 같습니다. 술맛을 잘 모르는 사람에게는 둘 다 그냥 알코올일 뿐입니다.

## 낯선 장소 찾아가기

**이 길이 우리를 어디로 이끌지,**
**신과 비슷해진 후손들은 어떤 모습을 할지**
**우리는 모른다.**

유발 하라리, 『호모 데우스』 중에서

4차 산업혁명에 가장 잘 적응하고 이를 누릴 이는 어떤 유형의 사람일까요? 컴퓨터 소프트웨어 개발자? 유전공학자? 기업가? 3D 프린터 전문가? 저는 이렇게 생각합니다. 남극에 최초로 발자국을 찍은 아문센과 같은 '탐험가'라고 말이지요. 인류 역사에는 수많은 탐험가가 있습니다. 또 그들에게는 공통점이 있습니다. 그것은 바로 낯선 길에 대한 두려움을 극복했다는 점입니다. 그들은 처음 가보는 길에 뛰어듭니다.

초등학생을 데리고 현장체험학습을 다니다 보면 가끔씩 학생이 한 명씩 사라집니다. 특히 외부 활동을 위주로 하는 스카우트 대원들을 데리고 활동을 할 때는 그런 일이 더 빈번합니다.

나중에 사방을 뛰어다니며 찾다 보면 전혀 엉뚱한 곳에서 홀로 즐겁게 있는 아이를 발견하게 됩니다. 자신이 길을 잃었는지도 모른 채 말이지요. 그들은 개구리나 메뚜기를 잡거나, 또는 바닥에 기어 다니는 개미를 관찰하고 있습니다.

일단 다급한 마음에 학생을 혼내고 다시는 이렇게 혼자 다른 길로 가면 안 된다고 주의를 줍니다. 그러면서도 마음 한구석에 불쑥 의문이 솟습니다. '잠깐 다른 길로 눈길을 돌린 게 혼날 만큼 큰 일인가?' 하고 말이지요. 물론 이 험한 세상에서 아이의 안전을 보장하는 게 우선이기에 그러한 고민은 그저 가슴속에 묻어둘 따름입니다.

하지만 이제는 다 같이 진지하게 그러한 고민을 해보아야 할 때라고 여겨집니다. 초등학생들이 낯선 길로 고개를 돌리고 발걸음을 향할 때마다 "안 돼!"라고 해야 할지를 말입니다. 이런 행위가 아이들의 잠재의식 속에 '그저 줄 서서 다 같이 선생님만 바라보고 따라가는 게 세상을 살아가는 방법'이라는 인식을 심어주지 않을지 고민해야 합니다.

결국 아이들이 미지의 길을 걸어보도록 교육을 해야 하는데, 아무리 고민을 해봐도 학교에서는 방법이 없습니다. 소규모 테마형 현장체험학습이라고 해도 보통 스무 명이 넘는 아이를 교사 한 명이 감당하므로, 아이들에게 낯선 길을 가도록 허락할 수가 없습니다.

방법을 찾다가 스카우트 활동에서 그 방안을 모색할 수 있었습니다. 스카우트 활동은 '보' 단위로 이루어집니다. 1개 보는 보장 한 명에 보원이 5~6명인 구성입니다. 학급에 비하면 지극히 소규모지요.

방법은 이렇습니다. 보별로 지도 한 장씩을 나누어줍니다. 그리고 약 열 가지 미션을 줍니다. 학교에서 출발한 대원들은 대중교통을 이용해 정해진 지역을 찾아가서 주어진 미션을 수행해야 합니다. 이때 안전을 위해 자원봉사 나온 명예교사 학부모를 보별로 한 분씩 배정합니다. 명예교사의 역할은 대원들을 이끄는 것이 아닙니다. 적당한 간격을 두고 대원들을 따라가는 것입니다. 대원들이 전혀 엉뚱한 지하철을 타고 정반대의 길로 가더라도 관여하지 않습니다. 오직 위험한 상황에 마주할 때만 개입하는 것입니다. 최소한의 간섭이지요. 일반 현장체험학습처럼 교사가 아이들을 이끄는 게 아니라, 학생들이 목적만 가지고 길을 찾아나서는 것입니다. 결과는 그 어떤 체험보다 대원들의 만족도가 높았습니다. 열 가지 미션을 다 수행하지 못했어도 아이들은 그 어느 체험 때보다 깊이 성취감을 느꼈습니다. 그때 제시한 미션 중 일부를 소개하면 이렇습니다.

<스카우트 하이킹 미션>

| | |
|---|---|
| 장소 | 경복궁 근처 '대한민국 역사박물관' |
| 유의 사항 | 1) 차도를 건널 때는 항상 교통신호를 지킨다.<br>2) 주의 : 서울 역사박물관이 아님. 대한민국 역사박물관으로 가야 함. |
| 미션 내용 | 대한민국 역사박물관에서 '안중근 기획전'을 찾아가시오.<br>그리고 전시품 중에서 안중근 의사가 직접 쓴<br>아래 내용의 붓글씨를 찾아, 그 한자를 괄호 안에 쓰시오.<br>1) '국가의 안위를 걱정하고 애태우다'라는 뜻의 한자<br>2) 보물 제569-22호 (　　　　　　) |

<스카우트 하이킹 영어 설문 미션>

| | |
|---|---|
| 장소 | 하이킹 미션을 수행하는 과정 중 어디서나 |
| 유의 사항 | 1) 외국인에게 예의 바르게 질문한다.<br>2) 복장을 단정히 하고, 밝게 웃는 모습으로 질문한다. |
| 미션 내용 | 1) 5명의 외국인에게 아래 내용을 묻고<br>그 질문에 대한 대답을 정리한다 |
| 정리 | 안녕하세요. 저희는 유석초등학교 스카우트입니다.<br>몇 가지 질문을 드려도 되겠습니까?<br>1. 한국에서 가장 맛있는 음식은 무엇입니까?<br>2. 한국에서 가장 좋았던 장소는 어디입니까?<br>3. 한국 여행을 하면서 가장 불편한 점은 무엇입니까?<br>감사합니다. 즐거운 여행 되십시오. |

<스카우트 하이킹 미션>

| 장소 | 안국역 근처 '인사동 거리' |
|---|---|
| 유의 사항 | 1) 인사동 거리는 매우 복잡하므로 대원들을 잃어버리는 일이 없도록 각별히 유의한다.<br>2) 차가 다니는 도로가 있으니 주변을 잘 살피고 절대로 뛰어다니지 않는다. |
| 미션 내용 | 이 사람이 살았던 집터를 찾아가서 대원들이 다 함께 단체 사진을 찍으시오.<br>1) 조선 중기의 유학자이자 정치가<br>2) 『동호문답』, 『성학집요』 등의 저술을 남김<br>3) 신사임당의 셋째 아들<br>인사동 지도를 보고 찾아가시오. |

미션을 보면, 단순히 지도만 보고 스스로 찾아가는 활동에 국한되지 않습니다. 그 과정에서 휴대전화를 통해 정보를 검색해야 하고, 외국인에게 질문도 해야 합니다. 또한 주변의 위험 상황들도 스스로 점검해야 합니다. 당연히 각 보의 구성원이 서로 협업을 해야, 처음 가보는 곳을 찾아갈 수 있습니다. 때로는 길을 잘못 들어서 엉뚱한 곳에서 시간을 허비하기도 합니다. 점심시간도 스스로 결정해야 하고 준비한 도시락을 먹을 장소도 대원들이 알아서 결정해야 합니다. 함께 따라간 명예교사는 간격을 두고 그들을 따라가면서 안전 사항만 체크하는 것이지요.

이것은 가정에서도 시도할 수 있습니다. 형제자매끼리 길을 찾아 나서고, 부모는 그 뒤를 따르는 것입니다. 안전 상황만 주시하면서 말이지요. 전혀 엉뚱한 곳으로 가고 있다고 해도 관여하지 않습니다. 스스로 정보를 검색하고 주변에 물어보며 길을 찾아, 도착한 곳에서 미션을 수행하는 것입니다. 마음에 맞는 친구 몇 명이 함께 하는 방법도 있습니다.

이것도 저것도 힘들다면 가장 손쉽게 할 수 있는 방법이 있습니다. 자녀와 함께 길을 걷다가, 아이가 가고 싶은 곳으로 가게 하는 것입니다. 부모는 그 뒤를 따라가는 것이지요. 익숙한 동네 골목이어도 됩니다. 혹은 볼거리가 많은 번화한 길도 괜찮습니다. 아이에게 새롭고 호기심이 느껴지는 낯선 곳으로 발걸음을 옮길 기회를 주는 것만으로도, 아이는 예측 불가능한 미래의 길에 두려움 없이 발을 담그는 방법을 배우게 됩니다.

처음 골목을 마주한 아이의 머리는 수많은 예측을 하게 됩니다. '무엇이 나올까?', '내가 원하는 것이 저 골목에 있을까?' 이러한 예측은 자연스레 직관을 가동시킵니다. 아직 다다르지는 않았으나, 아직 보이지는 않으나, 바라보고자 하는 의지는 직관을 통해 예측하게 합니다. 매번 나오는 갈림길에서 아이들은 직관으로 선택합니다. 그리고 경험하지요. 충분한 분석이 없는 상황에서 직관적 판단은 잘못된 골목으로 자신을 안내할 수도 있다는 사실을 말이지요. 또는 충분히 분석해서 갈 길이 정해졌어도, 왠지 다른 길로 가고 싶다는 직감에 의지한 채 걸어갔을 때, 뜻밖에 마주하는 신기한 경험에 놀라기도 합니다. 그 어떤 경우라도 이런 체험은 아이의 직관을 더 견고하게 해줍니다. 그리고 낯선 곳에 대한 두려움을 호기심으로 바꾸어줍니다.

다가올 인공지능 시대는 두려움의 대상이자 동시에 호기심의 대상이기도 합니다. 우리 아이들이 4차 산업혁명 시대에 잘 적응하기를 바란다면, 그들에게 낯선 골목으로 걸어갈 기회를 자주 주십시오. 낯선 길을 마주할 때마다 그들의 직관력은 상승할 것입니다.

## 부모와 함께하는 주식 투자

> **앞으로 5년, 10년 혹은 20년 후가 중요하지**
> **지금의 주식 가격은 의미가 없다.**
>
> 존 리, 『엄마, 주식 사주세요』 중에서

직관이 가진 탁월한 지점이자 본연의 임무 중 하나는 바로 '불확실성'에 대한 도전입니다. 여기서 불확실성이라는 말을 좀 더 확대해석하면 '미래 예측'이라고도 할 수 있습니다. 보통 우리는 두 가지 방법으로 앞으로의 일을 내다봅니다. 우선 합리적인 방법으로는 여러 가지 데이터를 연구 분석해서 향후 방향을 예측하는 것입니다. 비합리적인 방법으로는 점쟁이를 찾아가는 것입니다.

앞서 1, 2교시에서 설명했듯, 직관이라고 해서 과거 데이터를 무시한 채 순간적 느낌만으로 무언가를 결정하면 상당한 위험이 따릅니다. 따라서 전략적 직관을 발휘하려면 한 분야에 대한 몰입을 선행해야 합니다. '몰입–멈춤–창조(탄생)'라는 과정을 거쳐야 하는 것이지요. 이 과정에서 '창조'의 자리에 '예측'을 넣으면 이렇게 표현할 수 있습니다.

'몰입–멈춤–예측(결단)'

아이들의 직관을 활용해서 미래를 예측해보는 좋은 방법이 있습니다. 자녀들 스스로 자신의 용돈으로 주식에 투자하도록 하는 것입니다. 애들 용돈으로 무슨 주식 투자를 하느냐고 생각할지도 모릅니다. 하지만 그 정도 금액으로도 시작할 수 있는 게 주식의 장점 중 하나입니다. 또 하나의 장점은 자신이 예측하고 선택한 결과가 수치로 정확하게 드러난다는 것입니다. 명확한 수치를 보면서 아이들은 자신의 판단에 대한 과오를 정확하게 되짚어 볼 수 있습니다. 더불어 경제관념도 깨치게 되지요.

매년 학년이 바뀌고 새로운 학급을 맡는데, 저는 3~6학년을 자주 맡았습니다. 학생들이 3학년쯤 되면 사회 과목을 배웁니다. 이 말은 곧 그 나이 또래 아이들이 '사회'라는 개념을 인지하고 있다는 전제입니다. 사회 시간 중 경제에 대한 언급이 나오면 저는 어김없이 학생들에게 질문을 합니다. "자기 은행 통장을 가지고 있는 사람 손들어봐." 그러면 학생의 3분의 2 이상이 자신 있게 손을 듭니다. 얼마를 저축했는지 물어보면 최소 수만 원에서 수백만 원에 이르기도 합니다. 수백만 원에 이르는 학생에게 어떻게 돈을 모았냐고 물어보면 대략 이렇게 대답합니다. 엄마가 돌 반지부터 시작해서 친척에게 받는 세뱃돈까지 자신이 받은 모든 돈을 다 저금해주었다고요. 그 말을 들은 아이들은 부러운 눈으로 그 학생을 쳐다봅니다. 자기들은 세뱃돈을 엄마에게 맡겼는데 어떻게 되었는지 모른다면서 말이지요. 이렇게 학생들의 용돈 관리에 대해 이야기를 나눈 뒤 수업 끝날 즈음에 이렇게 묻습니다.

"혹시 자기 주식을 가지고 있는 학생이 있나요?"

그러면 아이들은 되묻습니다.

"선생님 주식이 뭔데요?" 하고 말이지요. 10여 년쯤 전에는 한 명도 손을 들지 않았습니다. 그런데 최근 몇 년 사이에는, 반에서 한두 명씩 주식을 사본 적이 있다고 슬그머니 손을 드는 학생이 생겨났습니다. 어떤 주식을 샀느냐고 물으면 대부분 그들이 좋아하는 과자 회사 또는 누구나 다 아는 통신사의 주식을 샀다고 합니다. 어떻게 알고 샀냐고 물어보면, 자신이 관찰하고 경험해서 스치듯 떠오른 예상을 가지고 엄마, 아빠와 대화하면서 골랐다고 합니다. 예를 들면 이런 것입니다.

주식을 산 아이는 편의점에서 다른 친구들과 과자와 컵라면을 사 먹으면서도 예측을 합니다. 친구들이 좋아하고 자주 사 먹는 과자나 컵라면을 만드는 회사는, 분명 자신이 어른이 될 때까지 잘 될 거라고 직감하는 것이지요. 어른이 되어서도 사 먹고 싶어질 것이라는 판단에서 오는 직감입니다. 또한 친구들이 휴대전화에 매달려서 와이파이 무제한을 꿈꾸는 모습을 보며, 자신이 어른이 된 후에도 인터넷 통신사는 번창할 거라는 예상을 합니다. 그리고 결단을 내리지요. 용돈을 모았다가 주식을 한 주씩 한 주씩 사 모으는 것입니다. 그들은 소비하면서도 동시에 미래를 예측하고 투자를 합니다. 그것도 어른들처럼 수익의 미세한 변동에 두려워하지 않고 시간을 갖고 기다립니다. 선택에 확신이 있기 때문이지요. 사실 이 정도 수준이면 이미 그 아이에게는 경제관념이 자리 잡았다고 봐도 됩니다.

그 학생들이 중학교에 입학하고, 고등학교를 졸업하고, 사회에 첫발을 내딛게 될 때가 그려집니다. 아마도 그들은 그때도 주체적으로 선택을 하겠지요. 자신이 사 모은 주식의 수익으로 대학 등록금을 내고 학교에 입학할지, 아니면 자신의 또 다른 꿈을 위해 그 수익을 밑천으로 삼아 도약할지를 말이지요.

직관은 분석과 관찰을 바탕으로 미래를 예측하는 과정 속에서 발휘됩니다. 결정적으로 결단을 통한 선택을 요하지요. 용돈으로 직접 주식을 사는 아이는 그 결과를 숫자로 명확하게 봅니다. 그리고 조정의 과정을 거치지요. 예측이 빗나갔다면 어떤 요인 때문이었는지, 예상이 맞았다면 다른 유사한 사례는 없는지 더 찾게 되지요. 그리고 선택에 따른 손실에 책임을 지는 무거움을 느끼고, 동시에 수익에 대한 기쁨도 경험하게 됩니다. 그 어떤 결과가 나올지라도 그들에게 도움이 됩니다. 특히 실물경제의 흐름이라는 교육적 측면에서 말이지요.

한 5년 전쯤이었을 겁니다. 고학년 담임일 때 사회 시간에 학생들 대상으로 주식 모의 투자를 해보고 싶었던 적이 있습니다. 분석과 직관에 따른 선택이라는 경험을 제대로 체험하게 하고 싶었지요. 하지만 시도하지 않았습니다. 후폭풍이 염려되었기 때문입니다. 주식에 관심이 없는 학부모가 더 많을 것이라고 판단했지요. 주식이 집안을 말아먹는 도박과 같은 것이라고 생각하는 분들 또한 예상보다 많습니다.

이런 상황에서 담임이 그런 교육을 한다면, 아무리 잘한들 염려의 시선을 더 많이 받았을 것입니다. 그래서 아쉽지만 다른 방법을 선택했습니다. 다음 한 주간의 날씨를 예측하도록 시켰지요. 아이들은 신이 나서 하늘도 쳐다보고, 기온도 재보고, 구름 모양도 관찰하면서 나름대로 날씨를 예측했습니다. 하지만 이내 며칠 못 가서 시들해졌습니다. 내일 혹은 일주일 뒤의 날씨를 예측해본들 직접적 필요성 이상으로 다가오는 느낌이 없었기 때문입니다. 다음 주에 소풍을 가서 날씨에 대한 염려가 있다면 모를까, 그저 계속되는 일상의 날씨를 맞추는 것으로는 동기 유발이 안 되었지요.

미래를 예측하기 어려운 4차 산업혁명의 시대, 아이들이 실물경제 관념을 가지면서 동시에 앞날을 예측하는 직관의 힘을 가지기를 바란다면, 자녀의 손을 잡고 가까운 증권사 사무실을 찾아가시기 바랍니다. 단돈 몇 천 원의 용돈으로 아이들이 골라 담을 수 있는 주식회사의 수는 생각보다 많습니다.

## 직관 교육 상담소

Q

어린이 주식 투자가 미래 예측과 경제적 감각을 키우는 데 유용하다는 말씀이 와닿는 반면 위험해보이기도 합니다. 아이들과 함께 건전한 방식으로 주식 투자를 해보려면 어떤 면에 주의해야 할까요?

A

메리츠자산운용 대표인 존 리가 쓴 『엄마, 주식 사주세요』를 읽어보면 도움을 받으실 수 있습니다. 어린이 경제신문을 구독하면서 경제 전반에 대한 감각을 키우는 것도 큰 도움이 됩니다. 어린이 주식 투자의 목표는 단지 주식 투자에 몰입하는 것이라기보다, 경제 감각을 익히고 동시에 직관을 활용한 판단을 함께 내려보는 것입니다.

자녀와 함께 해보는 주식 투자에 '건전하다'는 표현은 어울리지 않습니다. 긴진하게 한다고 투자의 성공을 보장받는 것은 이니기 때문이지요. 이 말은 바꾸어 표현하면 '안정을 추구한다'는 말과 같습니다. 안정 대신, 불안정함에도 도전하는 자세를 배우고 좋은 물건을 고르는 안목을 키운다는 생각으로 접근하는 게 좋습니다. 내 아이가 편의점에서 과자를 고르며 이것저것을 고려하듯, 수많은 회사의 주식 속에서 미래에 성공적으로 성장할 회사를 고르는 것이지요. 그러기 위해서는 처음 언급했듯, 경제 감각을 익히는 것이 먼저입니다.

직관을 활용한 주식 투자는, 아무 근거 없이 그저 감感으로 하는 것이 아닙니다. 철저한 분석과 몰입이 반드시 선행되어야 합니다. 그리고 기다리는 것이지요. 자녀와 함께 경제 관련 놀이도 하시고, 어린이 경제신문을 구독하면서 비슷한 나이에 자신의 사업을 시작한 또래 친구들의 사례와 접할 기회를 주십시오. 그들이 자기 주변의 경제 상황을 어떻게 이해했고, 왜 투자를 결정하게 되었는지, 그 결정적 계기가 담긴 이야기를 듣는 것만으로도 강하게 동기를 유발할 수 있습니다. 이로써 아이의 시선을 소비가 아닌 투자로 돌릴 수도 있지요. 어린이 주식 투자는, 예측이 어려운 불안한 상황을 끌어안고 가는 용기를 익히는 데 목적을 두면 됩니다.

쉬는 시간

전략적 직관의 고수들 3

## 에디슨과 스티브 잡스

원리 원칙이 중요하지만,
가끔 인생에서 문득 이걸 해야겠다는 순간이 있어요.

국립발레단 예술 감독 강수진,『매일경제신문』인터뷰 중에서

2014년, 국립발레단 강수진 예술 감독은 갑작스런 인사이동을 시킵니다. 당시 솔리스트였던 이재우를 수석 무용수로 승급시켰습니다. 그랑 솔리스트를 건너뛴 파격적 인사였지요. 공식적으로 인사이동을 예고한 것도 아니었습니다. '백조의 호수' 공연이 끝난 뒤 무대로 올라가서 갑자기 발표했습니다. 매우 즉흥적인 강 감독의 태도에 단원 및 직원이 충격을 받을 정도였습니다.

이러한 일련의 상황을 두고 기자는 짓궂은 질문을 던집니다. 원리 원칙에서 벗어나는 것을 싫어하시는 분이 어떻게 그런 결정을 했는지 말입니다. 그때 강수진의 대답은 이랬습니다.

"가끔 인생에서 문득 이걸 해야겠다는 순간이 있습니다."

강수진은 직관이라는 용어를 사용하지 않았습니다. 단지 '문득……해야겠다는 순간'이라고 표현했습니다. 그리고 그 순간을 놓치지 않고 결단을 내린 뒤 바로 실행에 옮겼습니다. 주변 사람이 당황하는 상황이 벌어졌습니다. 하지만 시간이 흘러 강수진의 판단이 옳았다는 것이 드러나고 있습니다. 이재우가 수석 무용수로서 높은 기량을 보여주고 있기 때문이지요.

이렇듯 직관적 판단에 따른 실행은 예측하지 않은 상황과 불시에 마주합니다. 이러한 상황에 즉각적으로 응답을 할 수 있느냐 없느냐는 개인의 결단력에 달려 있는 듯 보입니다. 에디슨도 강수진과 비슷한 말을 했습니다.

"세상에는 규칙이란 게 없다."

에디슨에게 있어 규칙이란 1퍼센트의 영감을 실현하기 위한 부단한 노력이었습니다. 번득이는 아이디어를 구체화시키기 위한 그의 수많은 시도는 많은 업적으로 이어졌지요. 그가 개인적으로 또는 공동 명의로 등록한 특허의 수만 1000개가 넘습니다. 1000개의 특허가 있다는 말은 최소 1000번의 영감이 있었다는 뜻이지요. 여기에 실제로 특허가 되지 않은 아이디어까지 포함시킨다면 그가 받은 영감의 수는 아마도 헤아릴 수 없을 겁니다. 그가 발명을 시작하겠다고 마음먹은 뒤부터 죽기까지, 그는 수많은 직관적 발상 속에서 파묻혀 살았다고 해도 과언이 아닐 겁니다. 에디슨은 어떻게 그런 삶을 살 수 있었을까요?

에디슨이 정규교육을 받은 기간은 3개월에 불과했습니다. 그는 호기심이 많았으며, 주입식으로 습득하는 지식에는 흥미를 느끼지 못했습니다. 에디슨의 어머니 낸시는 에디슨이 학교 교육에 적응하지 못한다고 해서 그를 나무라지 않았습니다. 이런 어머니의 태도가 에디슨이 세상을 바라보는 호기심 어린 시선을 계속 유지하는 데 결정적 역할을 했습니다. 어렸기 때문에 직관이라는 것이 무엇인지 잘 몰랐을지는 몰라도, 적어도 자신에게 무작위로 떠오르는 생각이 나쁘다는 단정은 결코 내리지 않게 된 것입니다. 오히려 그런 생각을 즐겼지요. 바로 어머니가 그를 바라본 시선 덕분이었습니다. 만약 에디슨의 부모가 그런 발상을 그저 쓸모없게 여기고 속박했다면, 에디슨의 삶은 달라졌을 것입니다.

직관은 그 능력을 숙달하는 교육을 따로 받지 않아도, 그 발상 자체를 인정해주는 분위기만으로도 스스로 커간다는 것을 에디슨을 통해 알 수 있습니다.

스티브 잡스의 어린 시절은 에디슨보다 별반 나은 게 없어 보입니다. 『스티브 잡스 이야기』의 저자 짐 코리건에 따르면 잡스는 교실에서 폭발물을 터뜨리거나 뱀을 풀어놓는 아이였습니다. 담임교사 입장에서 한 학생이 교실에서 폭발을 일으키고, 그 움직임을 보고 싶다고 교실에 뱀을 풀어놓는다면, 사실 생각만 해도 아찔합니다.

번득이는 아이디어는 어느 정도 정제되어야 합니다. 이 말은 직관을 억압하라는 의미가 아닙니다. 오직 직관에 의존하며 살아간다는 것은 오직 호기심을 따라 닥치는 대로 시행해본다는 말과 다르지 않습니다. 폭발을 일으키고 뱀을 풀어놓는 위험천만한 일이 계속되겠지요. 학부모와 교사는 아이들의 번득이는 발상이 안전한 장소와 보장된 시간 속에서 이루어지도록 방향을 잡아주어야 합니다. 이처럼 방향성을 제시하는 것을 두고 '정제된 발상의 실현'이라고 표현하고자 합니다.

잡스도 에디슨만큼이나 정규교육과 친하지 않았지만, 그는 초등학교 4학년 담임을 회고합니다. '이모진 힐'이라는 여교사였습니다. 평소 독설로 유명한 잡스였지만 그녀만큼은 '내 인생의 성자'라고 표현했지요. 힐은 몇 주간 잡스를 지켜보았고, 그가 수학 숙제를 풀어오도록 하는 데 성공합니다. 어린아이의 눈에 지구만큼 커 보이는 막대 사탕과 5달러를 보상으로 내걸었기 때문입니다. 몇 달이 지나자 잡스는 더는 5달러짜리 보상에 머무르지 않았습니다. 배우는 일의 즐거움을 알게 된 것이지요. 많은 교육자가 스티브 잡스의 선생님 이모진 힐을 언급하면서 대단한 학습 동기부여가로 인정합니다. 저도 공감하고요. 하지만 조금 다르게 평가하고 싶기도 합니다. 이모진 힐이 스티브 잡스에게 동기를 부여한 것은 어찌 보면 아주 작은 단면일 수 있습니다. 그녀는 잡스를 단지 배움으로 이끄는 데 머물지 않았습니다. 잡스의 무분별해 보이는 생각과 발상을 학습이라는 과정을 통해 정제해나가도록 이끌었습니다. 그러한 사실을 증명이라도 하듯 잡스는 자신의 회고록에 이렇게 표현합니다.

"그분이 아니었다면 저는 틀림없이 소년원이나 들락거리고 말았을 거예요."

잡스가 정제되지 않은 직관적 발상을 자기중심적으로 표현하기만 했다면, 말 그대로 소년원을 들락거리는 삶을 살았을 것입니다. 따라서 아이의 직관적 발상을 최대한 존중해주되 그 방향을 잡는 사람이 있어야 합니다. 그 역할은 교사나 학부모가 맡아야 하겠지요. 정제된 직관 능력을 가지게 된 스티브 잡스는 다음과 같이 독려하며 직원들의 영감을 고취시켰다고 합니다.

"여기 모인 50명이 하는 일이 우주 전체에 거대한 파문을 일으킬 겁니다."

대단한 자신감이 아닐 수 없습니다. 도대체 그는 직관을 통해 무엇을 보았기에 그렇게 자신만만할 수 있었을까요? 궁금해집니다.

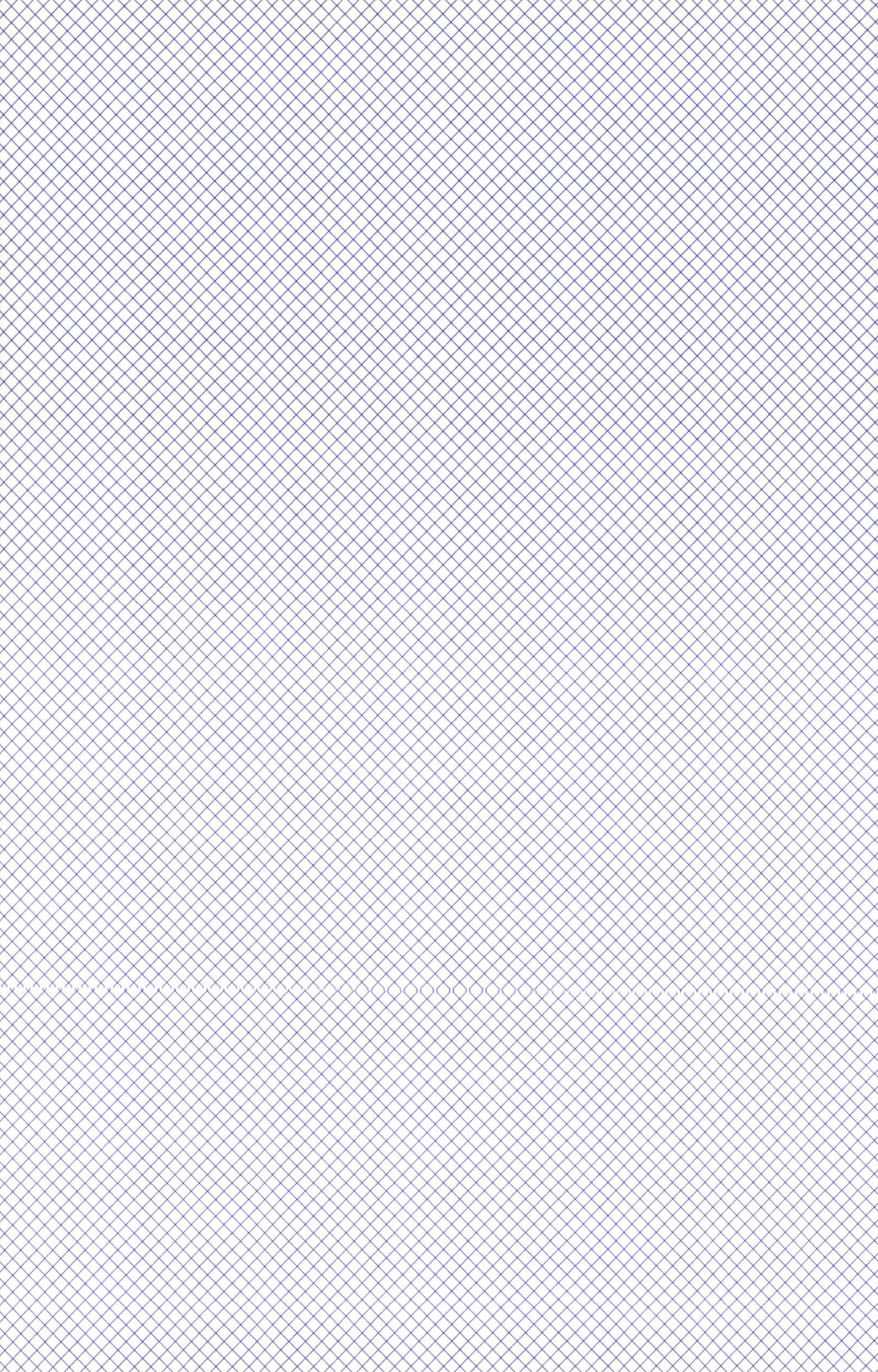

# 4교시
# 아이끼리 할 수 있는 '전략적 직관' 키우기

## 만다라 칠하기

> **사막의 목소리가 말했다.**
>
> **"바람에게 너를 맡겨라. 너를 증발시켜 바람에 실어라."**
>
> 수피 우화시 『사막의 지혜』 중에서

만다라 칠하기는 일종의 색칠 놀이입니다. 다만 특정 동화 혹은 만화 캐릭터를 색칠하는 게 아니라 패턴을 가진 그림을 색칠하는 것이지요. 겉으로 보기에 얼핏 지루해 보일 수 있지만, 그 과정을 통해 아이들은 의외의 재미를 느낍니다. 오히려 아이들은 그 단순함을 즐깁니다. 어른이 보기에는 재미없는 놀이를 아이들은 몇 번이고 계속 반복하며 만족스러워 하듯 말입니다. 사실 아이들은 만다라를 그리는 과정 중에 자신도 모르는 사이, 짧은 시간 동안 많은 직관적 선택을 하게 됩니다.

만다라 칠하기는 주로 티베트 불교에서 사용하는 방법입니다. 깨달음의 경지를 도형화한 것이지요. 불교 수도승들이 하나의 화두에 몰두하기 위해 사용하는 도식이라고 할 수 있습니다. 그런데 이것을 직관 교육에 활용하는 이유는 그 몰입도가 매우 높기 때문입니다.

우리가 직관을 활용할 때 중요한 과정 중 하나가 몰입입니다. 어떤 문제 상황에 직면했을 때 집중해서 대응하면 직관이 응축됩니다. 그 뒤 잠시 휴식을 취하는 동안 응축된 직관이 한순간에 섬광처럼 튀어나오지요. 만다라 칠하기는 그러한 응축과 몰입을 위한 좋은 도구입니다.

만다라는 온라인에서 쉽게 구할 수 있습니다. 만다라 모형이나 만다라 도형, 혹은 만다라 도식이라는 단어로 검색하면 A4 용지에 만다라 문양만 있는 이미지를 찾을 수 있습니다. 어떤 모형이든 상관없습니다. 이것을 인원수만큼 프린트해서 학생들에게 나누어줍니다. 가능하면 너무 복잡한 문양보다는 40분 정도면 색칠할 수 있는 간단한 문양을 추천합니다. 초등학생의 집중도를 감안한 것입니다. 또 각기 다른 문양을 나누어주기보다는 같은 문양을 나누어줍니다. 문양을 고르는 시간을 아낄 수 있기 때문입니다. 똑같은 문양을 나누어주어도 색칠을 한 결과는 각자 다 다르기 때문이기도 합니다.

색칠을 할 때는 12색 이상의 색연필 세트가 필요합니다. 크레파스는 세밀하게 표현하기가 어렵고 물감은 쉽게 번지며 준비하는 데 시간이 오래 걸립니다.

만다라를 그릴 때는 주제가 중요합니다. 단순히 예쁘게 색칠하라고 하는 것은 의미가 없습니다. 보통 저는 주제를 '나'로 정해줍니다. 만다라 문양 안에 나를 색칠해 넣으라고 말하지요. 그리고 이렇게 덧붙입니다. 나를 표현하는 것이기 때문에 다른 친구를 굳이 따라할 필요가 없다고 말이지요. 또 어떻게 하면 예쁘게 칠할 수 있을까 구상할 필요가 없다고도 말해줍니다. 그저 자기 자신을 만다라 속에 칠해보라고 일러줍니다. 그러면 아이들은 대부분 바로 알아듣고 만다라 문양 안에 자기 자신을 표현하는 데 집중하기 시작합니다. 그 진지함을 바라보고 있으면 저절로 숭고한 느낌마저 듭니다. 아이들은 만다라 안으로 빨려 들어가듯 몰입합니다. 그리고 다양한 색으로 자신을 표현하지요.

아이들에게 보통 나를 그리라고 하면, 즉 자화상을 그리라고 하면 겉모습에 치중해서 그림을 그립니다. 하지만 만다라 문양을 통해 자신을 표현하라고 하면 자연스럽게 자신의 내면을 표현합니다.

또 다른 친구의 그림을 보고 잘 그렸다, 혹은 예쁘게 색칠했다 같은 판단을 하지 않습니다. 왜냐하면 각자 자기가 중심이 되어 내면을 색으로 표현했기 때문입니다.

이렇게 몰입해서 만다라 문양을 색칠하다 보면 공통된 현상이 일어납니다. 몇몇 학생이 더 색칠해보고 싶다며 만다라 문양 종이를 몇 장 더 얻어갑니다. 그리고 쉬는 시간이나 점심시간에 노는 것을 반납한 채, 자리에 앉아서 색을 채워넣습니다. 그럴 때는 따로 주제를 주지 않습니다. 그저 마음 가는 대로 색을 채워넣게 놔두지요. 아이들은 만다라 문양에 색칠을 하면서 일종의 무념무상의 상태를 경험하는 듯 보입니다. 아무 근심 걱정 없이 말이지요.

만다라에 색을 채워넣을 때는 논리나 규칙의 적용을 받지 않습니다. 그저 빈 공간을 보고 직감으로 채워넣고 싶은 색을 고릅니다. 아이는 40분이라는 짧은 시간 동안, 하나하나 빈 공간을 채워가면서 계속해 자신의 직관을 활용하게 되지요. 그리고 어느덧 완성된 그림을 보고 그 조화에 감탄하지요. 전혀 의도하지 않았음에도, 상상하지 않았음에도, 세상에 단 하나밖에 없는 만다라 문양이 탄생되는 창조의 과정을 맛보는 것입니다. 이것이 제가 만다라 칠하기를 직관 교육에 활용하는 이유입니다. 몰입과 비의도성, 그리고 일정한 문양이라는 제한된 공간 속에서 멋지게 완성되는 단 하나의 창조물을 맛볼 수 있는 것이지요. 아이들은 그 과정을 거치면서 자연스럽게 알게 됩니다. 비논리적이고 비의도적인 몰입 속에서도 그 어떤 패턴보다 아름다운 미美를 끄집어낼 수 있다는 것을 말입니다.

이렇게 학생들이 색칠한 만다라 문양을 교실 뒤에 붙여놓습니다. 약 20~30개의 완성된 만다라를 죽 붙여놓으면 분명 똑같은 문양임에도, 아이가 모두 다르듯 만다라 문양도 전혀 다르게 보이니 신기할 정도입니다.

한번은 재미있는 실험을 해보았습니다. 만다라 문양에 그것을 색칠한 아이의 이름을 적지 않고 학부모 총회 때 찾아온 학부모들에게 각자 자녀가 색칠한 그림을 찾아보라고 했습니다. 학부모들은 매우 어려워했습니다. 아이들은 분명 자기 자신을 표현해놓았는데 부모는 그 색을 찾아내는 데 무척 고심을 합니다. 두세 번 만에 찾아내는 부모는 드물 정도입니다. 평소 내 자녀에 대해 잘 알고 있다고 생각했지만, 자녀가 자신을 색으로만 표현했을 때 이를 찾아내기는 매우 어렵습니다. 그만큼 부모로서 아이의 고유성을 바라보는 일은 어려운 일입니다. 그런데 의외로 아이들은 멀리 떨어져 앉은 친구의 그림도 쉽게 알아맞힙니다. 이름이 적혀 있지 않아도 말이지요. 타인의 고유성을 있는 그대로 인정해주는 데는 어린이의 직관이 더 탁월한 듯합니다.

만다라 문양을 칠하면 아이들은 무념의 상태로 몰입하는 체험을 할 수 있고, 그 과정에서 우연적이고도 비논리적인 직관이 반복 훈련됩니다. 더불어 그 과정의 끝에 단 하나밖에 없는 결과물이 태어난다는 인식이 무의식 안에 심어집니다. 만다라 칠하기는 직관 활용의 과정을 단숨에 요약해서 체험하게 해주는 좋은 도구인 것입니다.

## 원초적 재료 가지고 놀기

> **바람직한 장난감들은 사실 대개 단순한 것들이거든요. 기능적으로 뛰어난 장난감보다 단순하고 간단한 장난감이 오히려 더 아이들의 상상력과 창의력을 자극합니다.**
>
> 서울교육대학교 유아특수교육과 교수 곽노의

보통 초등학교 들어갈 나이가 되면, 집에는 아이가 몇 번 가지고 놀다가 사용하지 않는 장난감이 가득하기 마련입니다. 인형부터 시작해서 자동차, 로봇, 비행기 등이지요. 어린이날이나 생일, 크리스마스 같은 때가 되면 선물로 안겨주었던 완제품 장난감들입니다. 그런데 이런 완제품 장난감은 창의적 직관 활용에 그리 도움을 주지 못합니다. 이유는 간단합니다. 자동차 장난감은 '빵빵!' 하며 노는 것에 한정되고, 비행기는 '슝슝' 하며 나는 놀이에 머무르기 때문입니다. 간혹 가다가 자동차를 가지고 하늘을 나는 자동차라고 하며 노는 아이가 있지만, 그 아이들도 금방 싫증을 느낍니다. 변화의 여지가 없기 때문입니다.

어린이날 특집 다큐멘터리로 <새로 쓰는 장난감 이야기>를 연출한 이병용 PD는 저서 『장난감을 버려라 아이의 인생이 달라진다』에서 이렇게 밝힙니다. '장난감 없는 유치원 30일 프로젝트'를 실시했는데, 처음에는 장난감을 달라고 조르던 아이들이 결국에는 자연물을 가지고 다른 아이와 노는 과정을 통해 창의력뿐 아니라 관계성까지 좋아졌다고 말이지요.

『엄마가 고정관념을 깨면 아이의 창의력은 자란다』의 저자 한

숙경은 책에서 이렇게 밝힙니다.

"완성된 장난감은 생각할 기회를 빼앗습니다."

여기서 '생각할 기회'란, 창의성의 기본인 유연한 사고를 뜻할 것입니다. 직관이라는 것이 논리를 뛰어넘는 유연함과 관통 능력을 지녔다고 전제했을 때, 완성된 장난감은 직관적 사고의 기회를 빼앗는 것과 다름없다고 할 수 있습니다.

결국 아이의 유연한 직관적 사유를 자유롭게 발산시키기 위해서는, 원초적인 재료를 가지고 놀 기회를 마련해주어야 합니다. 자연물이 그 대표적 재료입니다. 조약돌, 나뭇가지, 모래, 나뭇잎 같은 것들 말이지요.

문제는 완제품 장난감을 가지고 노는 것에 익숙해진 아이들, 더욱이 이미 자라버린 초등학생에게 이러한 재료를 주며 가지고 놀라고 하는 게 매우 어렵다는 것입니다. 만약 담임교사가 학생들에게 조약돌을 가지고 놀라고 준다면 그들은 이렇게 말할 겁니다.

"선생님 저희들은 어린애가 아닌데요."

"선생님, 이런 걸 가지고 어떻게 놀아요. 유치하게……."

그래서 담임교사로서 고민하다가 그나마 원초적 재료에 가까운 것을 제시해서 가지고 놀도록 유도한 적이 있습니다. 가장 단순한 재료를 제시하는 것이지요. 남학생들 사이에서 포켓몬스터 카드가 유행하고 있을 때입니다. 한 일주일 동안 카드 게임을 하는 아이들을 유심히 살펴보았습니다. 아이들은 쉬는 시간과 점심시간에 정해진 규칙에 따라 게임을 했는데, 한 아이가 기존 카드에 무언가를 그려넣었습니다. 그러고는 그 그림이 새겨진 카드에 새로운 능력을 부여하고 규칙을 향상시키는 것이었습니다. 그때 알았습니다. 규칙을 변화시킬 수 있는 여지가 더 많이 주어진다면, 기존 재료를 가지고도 직관을 활용할 수 있겠다는 사실을 말입니다.

다음 날 아침, 저는 이유도 설명해주지 않고 남학생들에게 앞으로는 포켓몬 카드를 할 수 없다고 통보했습니다. 곳곳에서 탄성과 탄식이 빗발쳤지요. 내심 기분이 좋았습니다. 별안간의 통보에 엄청난 위기의식을 느낀 남학생들이 이제 무엇을 가지고 놀아야 할지 고민하며 직관을 꿈틀거렸기 때문입니다. 그래서 저는 이런 제안을 덧붙였습니다.

"여기 두꺼운 도화지를 마음껏 가져가서 써도 됩니다. 가위도 있습니다. 사인펜도 있고요. 여러분이 직접 포켓몬 카드를 만들어서 노는 것은 허락합니다."

순간, 다시 남학생들의 얼굴에 화색이 도는 걸 볼 수 있었습니다. 서로 앞다퉈 두꺼운 도화지를 가져갔고, 기존 포켓몬 카드에 있는 캐릭터뿐 아니라 전혀 새로운 형태의 캐릭터가 담긴 포켓몬 카드가 탄생했습니다. 며칠 지나자 포켓몬 카드가 아니라 전혀 다른 카드 게임을 만드는 아이들도 보이기 시작했습니다. 결국 기존의 카드와 게임이라는 논리 안에서 놀던 아이들이 새로운 게임 규칙을 만들고, 새로운 카드 모양을 그려내는 창의적 직관을 마음껏 발휘한 것입니다.

이처럼 원초적 재료는 꼭 자연물이 아니어도 됩니다. 자연물이면 더욱 좋겠지만, 모양과 형태에 있어서 변화의 여지가 많은 사물이라면 원초적 재료라 할 수 있습니다. 빈 도화지처럼 말이지요.

처음에는 카드 게임을 만들 수 있도록 재료를 준비해주었지만, 노는 양상은 점차 다양해졌습니다. 특히 초등학교 고학년들은 더욱 진보된 새로운 보드게임을 만들기도 했습니다. 그 보드게임의 이름이 뭐냐고 물었더니 그들은 이렇게 말하더군요.

"포켓몬 부루마불 게임이요. 엄청 재미있어요."

그때 저는 할 말을 잃었습니다. 아이들의 상상력은 직관 능력을 바탕으로 이미 교사의 수준을 넘어서 있었습니다.

초등학교 저학년들은 그나마 원초적 자연물을 가지고 잘 놀

수 있습니다. 단순한 듯 보이는 규칙이 반복되는 모습을 보이지만, 그래도 괜찮습니다. 완제품을 가지고 놀 때보다는 훨씬 유연하게 놀이에 접근하니까요.

이 책을 읽는 분의 자녀가 이미 고학년이 되어버렸다고 해서 낙담할 필요는 없습니다. 빈 도화지 몇 장과 사인펜만 쥐어주면 그 아이들은 더욱 기발하게 직관을 활용합니다. 물론 함께 놀이를 구상할 친구가 있다면 그 효과는 몇 배나 더 배가되겠지요.

# 대량 모방, 대량 창조

> **지금도 뉴욕의 내 방에 가면 큼지막한 캐비닛이 있다.**
> **거기에는 아이디어를 메모한 것과 취재 자료들이 빼곡하게**
> **들어차 있다. 캐비닛이 아이디어들의 무덤은 아니다.**
> **훗날 깨어나기를 기다리는 SF영화 속 냉동 인간들 같다고 보면 된다.**
>
> 이제석, 『광고 천재 이제석』 중에서

사람들은 '짝퉁'이라는 말을 가볍게 합니다. 그리고 그 가치를 얕보지요. 왜냐하면 비슷하게 모방한 결과물에 불과하다고 생각하기 때문입니다. 하지만 이걸 알아야 합니다. 모방도 어느 정도 수준이 되어야 가능하다는 것 말입니다. 피카소의 아버지는 그가 어릴 적, 새의 발을 똑같이 그리도록 반복시켰다고 합니다. 새 전체도 아니고 그 발만 말이지요. 그럼에도 피카소는 이렇게 말합니다. '어느 순간 다른 것들도 그릴 수 있게 되었다'고요.

인터넷에서 피카소가 청소년기에 그린 그림을 쉽게 찾아볼 수 있습니다. 많은 사람이 그의 청소년 시절 그림을 보면서 감탄하지요. 어쩌면 저 나이에 저렇게 세밀하게 묘사를 할 수 있었을까? 하고 말입니다. 그러고는 이렇게 단정 짓습니다.

'역시 천재는 달라. 겨우 열네 살에 저런 그림을 그렸다고? 정말 똑같이 그렸네.'

그런데 우리가 알아야 할 것이 있습니다. 피카소가 천재적 작가로 평가받는 결정적 이유는 그의 정밀 묘사 때문이 아닙니다. 그의 추상화 때문입니다. 어린아이가 그려도 더 잘 그릴 수 있을 것 같은 작품, 이상하게 보이거나 혹은 해석이 잘 되지 않는 작품에서 예술가로서 피카소의 천부적 재능이 보이는 것입니다.

그런 견지에서 보면, 피카소가 어릴 적 따라 그린 새의 발부터 청소년기에 그린 좀 더 완성된 세부 묘사까지 모두 모방의 산물이었다고 볼 수 있습니다. 이미 존재하는 대상을 따라 그리며 흉내 내본 것이지요. 우리가 특정 제품의 '짝퉁'은 우습게 여기면서도 피카소가 특정 대상을 따라 그린 그림에는 짝퉁 이상의 평가를 하는 것은 아이러니입니다.

저는 이렇게 표현하고 싶습니다.

"모든 짝퉁은 창조로 이어지는 지름길이다."

모방을 반복한다는 것은 그만큼 관찰을 많이 한다는 것을 전제합니다. 집중된 관찰의 반복은 직관으로 하여금 패턴을 찾아내게 합니다. 혹은 창조물만의 고유한 성질을 발견하게 합니다. 그것을 인식한 순간 스스로 새로운 창조물을 만들어내지요. 아이들이 무언가를 모방해서 만들거나 그림을 따라 그린다면 그대로 놓아두는 게 좋습니다. 그들은 관찰을 하고 있는 것입니다. 그리고 그것이 반복되다 보면 관찰 대상에서 직관적으로 패턴을 발견하게 됩니다. 나중에는 창조적 작업을 할 수 있는 패턴 인식이 생겨나는 날이 오지요. 무언가를 모방하는 일이 결코 부끄러운 일이 아님을 아이들에게 알려주어야 합니다. 오히려 아주 많이, 또 자주 모방하도록 안내할 필요가 있습니다.

이번에는 창조적 아이디어의 대량 방출에 대해 이야기를 해볼까요? 의식적으로 직관을 사용하다 보면 많은 에너지가 소모됩니다. 즉 쉽게 지칩니다. 새로운 아이디어가 더는 떠오르지 않고, 돌파구가 없는 것 같아 무기력해지기까지 합니다. 보통 슬럼프에 빠졌다고들 하지요. 이럴 때 하나의 아이디어를 가지고 완성된 창조물을 만드는 데 지속적으로 골몰하는 건 그리 효율적인 일이 아닙니다. 아이디어가 떠오를 때 그것을 받아 적는다는 가벼운 생각으로 시작하는 게 좋습니다. 그 아이디어가 옳은지, 좋은지, 효과적인지, 실현 가능성이 있는지 생각하기보다 일단 무의식에 떠오르는 대로 그냥 받아 적는 거지요. 분석과 실현 가능성은 차후에 의식적으로 따져보면 됩니다. 이런 방식을 쓰면 많은 아이디어를 자연스럽게 떠올릴 수 있습니다.

『음표로 글을 쓰다』의 저자 허싼포는 책에서 이렇게 언급합니다.

"베토벤이 수첩에 교향곡의 마지막 악장에 관련된 200여 개의 구상을 기록해놓은 것을 보면 그가 얼마나 몰두해서 작곡했는지, 얼마나 순수하게 음악에 빠져들었는지 알 수 있습니다."

초등학생도 알 천재 음악가를 대보라고 하면 맨 먼저 떠오르는 인물이 베토벤입니다. 사실 우리가 천재라고 부르는 이들도 단 한 번에 떠오른 하나의 악상을 가지고 작곡하지 않았습니다. 오히려 위에서 언급했듯 200여 개의 구상 중 하나를 선택한 것이지요. 심지어 마지막 악장을 구성하기 위한 아이디어만 200여 개였다는 사실은 매우 중요합니다. 단 하나의 악상을 선택하기 위해 버려질 199개의 아이디어까지 떠올린 셈이니까요.

초등학생 대상으로 수업을 하다 보면 말도 안 되는, 전혀 실현 불가한 아이디어를 내는 아이를 종종 접합니다. 보통 교사들은 그 자리에서 답변을 해주지요. 그것은 이러이러해서 불가능한 일이라고 말이지요. 이런 일은 특히 사회나 과학 시간 중에 프로젝트형 문제를 제시할 때 많이 일어납니다. 이때 교사나 학부모는 불가능한 아이디어에 대해 "이러저러해서 그건 아니다"라는 답변을 해줘서는 안 됩니다. "오, 그런 생각이 떠올랐구나. 일단 적어놓으렴. 그리고 해결 방안을 계속 떠올려봐. 떠오르면 또 적어놓고."

일단 쓸모없어 보이는 아이디어라도, 아이가 직관을 사용해 계속 아이디어를 도출하도록 안내하는 게 중요합니다. 그 아이디어가 흩어져 사라지지 않도록 일단 받아 적는 데까지만 안내하면 됩니다. 결국 추후 본인이 쏟아낸 아이디어를 두고 스스로 취사선택을 하게 될 테니까요. 버려야 할 것과 남겨야 할 최종의 하나를 말이지요.

자녀가 글쓰기를 좋아하면 노트를 하나 준비해줍니다. 혹은 컴퓨터에 폴더를 하나 만들어줍니다. 어떤 것이든 생각나는 대로 끄적일 수 있도록 말이지요. 또 미완성이어도 좋으니 그저 새로운 이야깃거리가 생각나면 일단 적어놓게 합니다. 나중에 수십 개의 아이디어들이 갑자기 한데 연결되면서 기막힌 이야기가 탄생합니다.

자녀가 그림 그리기를 좋아하면 역시 조그만 그림 노트를 하나 준비해줍니다. 어떤 것이든 그리고 싶은 게 떠오르면 그리라고 하고요. 또 하나의 그림을 끝까지 완성하지 않아도 된다고 말해줍니다. 그저 떠오르는 그림의 단상을 메모해놓기만 하라고 말이지요. 그러면 이 작업들이 어느 순간 하나로 연결되면서 역시 기가 막힌 창조적 그림 하나가 탄생할 겁니다.

과학, 수학 모두 마찬가지입니다. 종이접기를 좋아하는 아이들에게도 마찬가지입니다. 최대한 많이 모방하고 자연스럽게 아이디어를 떠올리는 과정을 겪도록 해야, 아이들은 지치지 않고 직관을 활용할 수 있습니다. 이렇게 훈련된 아이는 그 과정을 즐기게 되고, 결국 창조적 산물을 만들어냅니다. 다양한 아이디어 중에 하나를 고르는 체험, 혹은 그 아이디어들이 갑자기 통으로 연결되는 체험은 인터넷 게임보다 더 화끈한 쾌감을 아이에게 줍니다.

## 새로운 언어 창작하기

> **수린아 이상한 일이 생겼어.**
>
> **여긴 매일 똑같은 시간이 흐르고 있어.**
>
> 영화 <가려진 시간> 중에서

위 대사는 영화 <가려진 시간>의 한 대목으로, 수린이라는 여학생이 실종된 친구 성민의 일기장을 통해 알게 된 내용입니다. 이 일기장의 글들은 마치 이모티콘의 나열처럼 보입니다. 수린이와 성민이만 알고 있는 글자로 쓴 일기장이기 때문입니다.

영화를 보다가, 그 일기장이 스크린에 스치듯 비출 때 저도 모르게 '아!' 하고 작은 통찰이 일어났습니다.

'그래 맞아. 그렇구나!'

수업 중에 쪽지를 돌리는 아이들이 있습니다. 수업에 방해가 될 정도가 아니라면 그냥 못 본 척 넘어가줍니다. 그런데 몇 명의 아이를 거쳐 도달하는 쪽지는 수업 분위기를 흐리기도 합니다. 한 번은 왼쪽 끝에 앉은 학생이 오른쪽 끝에 있는 학생에게 쪽지를 전달한 일이 있습니다. 쪽지가 여러 아이들을 거쳤기에 눈에 금방 띄었지요. 이건 아니다 싶어 중간에 개입을 했습니다.

"그 쪽지 이리 줘봐!"

순간 교실에 긴장감이 돌았습니다. 중간에 가로챈 쪽지를 펼쳐보았습니다. 그런데 아무것도 적혀 있지 않았습니다. 저는 씩 웃었습니다. '오호~ 요놈들……내가 모를 줄 아는 모양이군.'

"이 쪽지 누가 보낸 거니?"

학생들이 한순간 한 학생을 바라봅니다. 저는 천천히 그 학생에게 다가갑니다. 그리고 학생의 필통에서 '비밀 펜'을 꺼냅니다. 비밀 펜에 붙어 있는 랜턴으로 그 쪽지를 비춥니다. 아무것도 없던 쪽지에 글자가 보입니다. 일명 '시크릿 펜'이라고 불리는 이 펜은 글씨를 적으면 잠시 후 그것이 사라집니다. 그리고 펜 뒤에 있는 미니 랜턴으로 비추면 글자가 보입니다. 제가 어린 시절 유행하던 '커닝 펜'의 향상된 버전이지요. 중학교 즈음으로 기억합니다. 커닝 펜으로 글씨를 쓰면 글씨가 금세 사라지고 그 위에 또 다른 펜으로 문지르면 글씨가 나타났지요.

그런데 난관에 마주했습니다. 쪽지를 비추자 나타난 글씨를 읽을 수가 없었습니다. 몇 가지 그림과 알 수 없는 형태의 모형이 나열되어 있었습니다. 이게 뭐냐고 물어도 대답을 해주지 않았습니다. 친구와 단 둘이만 알아야 하는 비밀 이야기라서 말할 수 없다고 했습니다.

이처럼 당돌한 모습을 마주할 때면, 교사로서 여간 당혹스러운 게 아닙니다. 학생 앞에서 거절당한 것 같기도 하고, 교사의 권위가 도전받는 것 같기도 하고……. 순간 감정이 욱 하고 올라옵니다. 숨을 가다듬고 말해줍니다.

"그래, 너희들끼리의 비밀 이야기라면 그 내용은 보호받을 필요가 있지. 하지만 수업 중에 많은 친구들의 집중을 흐리게 하는 행동은 받아들이기 어렵구나. 다음에는 쉬는 시간이나 점심시간에 전하도록 해라. 이 쪽지는 선생님이 가져가마."

제가 그 쪽지를 가져간 이유는 내용이 너무나 궁금했기 때문입니다. 해독을 하고 싶었습니다. 아이들이 하교한 뒤에 나름 머리를 써서 풀어보려 했지만 알 수가 없었습니다. 그리고 그냥 그 쪽지에 대해 잊어버렸습니다.

그러다가 <가려진 시간>이라는 영화를 보다가 다시 떠올랐습니다. 한창 직관 교육에 대해 고민하고 그와 관련한 책을 어떻게 저술할지 고민하던 시기였습니다. 그때 영화 속에 등장한 암호문처럼 생긴 일기장과 그 학생의 쪽지가 오버랩되면서 '그렇구나!' 하는 통찰이 일어났습니다.

'새로운 언어를 만드는 것만큼 창의적인 일이 어디 있단 말인가?'

한글을 만든 세종대왕을 그토록 위대하다고 하면서, 교실에서 비밀 쪽지를 주고받기 위해, 또 그 내용을 다른 누구에게도 알리지 않기 위해 새 언어를 창조해낸 아이를 왜 나무랐을까? 하는 후회가 밀려왔습니다.

단 둘만 알아볼 수 있는 글자를 만든다는 것은 어쩌면 쓸데없어 보일 수 있습니다. 부모라면 그 시간에 공부를 하라고 다그치고 싶겠지요. 교사인 저도 마찬가지였으니까요.

요즘, 조금 앞서간다는 학부모들 사이에서 '코딩 교육'이 난리입니다. 프로그래밍을 하기 위해서는 컴퓨터 언어를 알아야 한다는 것이지요. 그 언어는 일반인이 보기에 그저 알지 못하는 글자의 나열일 뿐입니다. 사실 지금 교육 현장에서 초등학생에게 가르치는 코딩은 그리 어려운 수준이 아닙니다. 입력과 산출의 단순 반복이기 때문이지요. 또한 코딩에는 감성의 단어가 없습니다. 대부분 알고리즘에 따른 명령어에 가깝지요. 하지만 아이가 새롭게 창조해낸 글자는 모든 것을 포함합니다. 어느 글자가 더 뛰어나다고 할 수 있을까요? 저는 암호 같은 글자를 만들어내는 아이가 코딩 언어를 배우고 익히는 아이보다 미래에 더 잘 적응할 것이라고 생각합니다. 그들은 그 어떤 문제 상황에서도 정형화된 틀이 아닌 자기만의 방식으로 도전할 힘이 있는 아이들입니다.

이 아이들은 새로운 글자를 만들기 위해 많은 직관적 고민을 거쳐야만 했습니다. 다양한 그림, 이모티콘, 도형, 모형을 늘어놓고 그중 어떤 것을 어떤 단어에 접목할지를 고민했겠지요. 평소에는 별 의미가 없던 도형이 그들의 직관력을 통해 의미 있는 단어로 다시 연결되는 과정을 맛보면서 그들이 느꼈을 희열은 그 어떤 공부보다 값졌을 것입니다.

그러니 아이들끼리 서로만 아는 글자를 만들거나 혹은 수화처럼 자기들끼리만 통하는 손동작을 한다고 해서 너무 나무라지 마시기 바랍니다. 그 행위 자체는 매우 위대한 창조의 과정입니다. 하지만 어른들은 걱정이 앞섭니다. 우리가 모르는 새로운 암호로 나쁜 일을 꾸미고 있으면 어떻게 할까? 하고 말이지요. 누군가를 따돌리는 데 그러한 암호를 사용하면 어떻게 할까? 하고 말입니다.

물론 부정적 요소가 전혀 없지는 않습니다. 실제 그 암호를 모르는 다른 아이들은 소외감을 느끼기도 하지요. 그런데 이렇게 말하고 싶습니다. 부정적 행동이 있을 수 있다고 해서 새로운 언어를 만드는 창조적 행동까지 막아서는 안 된다고요. 모든 창조적 결과물은 사용하는 사람에 따라서 타인에게 도움을 주기도 하고, 피해를 입히기도 합니다. 타인에게 도움을 주는 쪽으로 사용하라고 교육하면서, 창조적 도전을 멈추지 않도록 권장하는 게 최선일 것입니다.

직관은 전혀 연관이 없는 것 사이를 연결시킵니다. 그 과정을 거쳐서 새로운 언어를 만들어 냈다면 이는 칭찬받아 마땅한 일입니다.

"호모 데우스, 이것이 진화의 다음 단계다."

예루살렘 히브리 대학의 역사학과 교수인 유발 하라리의 말입니다. 유전공학으로 생명의 탄생에까지 관여하는 인간을 빗대어 표현한 말입니다. 그 창조성에 무서울 정도의 가치를 부여한 말이지요. 새로운 언어를 창조해내는 것은 호모 데우스의 뒷모습을 닮은, 즉 신神을 닮은 이들의 재미있는 놀이가 아닐까 합니다. 성서에도 이렇게 쓰여 있지요.

"말씀이 사람이 되시다."

언어를 창조해내는 것은 사람을 만들어내는 것과 동급입니다. 우리 아이들은 그렇게 장난하며 놀 줄 아는 존재들입니다. 어른들만 모르고 있을 뿐이지요.

# 만화 창작하기

## 이러다 정말 작가가 되겠군!

제프 키니, 『내가 만드는 『윔피 키드』』 중에서

제프 키니를 아시나요? 전 세계 어린이가 열광하는 『윔피 키드』라는 만화책을 쓴 작가입니다. 엄밀히 표현해서 만화 형식의 그림책이라고 할 수 있겠지요. 이 작가는 정밀 묘사가 아니라 최소한의 선만으로 캐릭터를 표현해냅니다. 마치 초등학교 저학년의 그림 일기장 같은 형태입니다.

'훨씬 더 예쁜 그림책도 많고 가슴 따뜻한 이야기책도 많은데, 왜 전 세계 어린이들이 이토록 『윔피 키드』에 빠져들었을까?'

저는 궁금했습니다. 물론 내용도 흥미 있고 캐릭터가 단순해서 한눈에 들어오기도 했습니다. 그런데 정말 중요한 이유를 발견했습니다. 스치듯 지나가다 알게 되었습니다. 『윔피 키드』를 좋아하는 한 학생을 통해서 그 이유를 보게 되었지요. 그 학생은 자신의 빈 공책에다 낙서하듯 『윔피 키드』의 주인공을 그렸습니다. 정밀 똑같이 따라 그리더군요. 그림에 그다지 소질이 있던 아이가 아니었음에도 말이지요. 솔직히 그 아이가 그린 『윔피 키드』의 주인공 '그레그'가 원작자인 제프 키니가 그린 것보다 더 나았습니다. 왜냐하면 화려하게 색깔을 입혔기 때문입니다. 흑백의 선만으로 이루어진 그레그를 그 아이는 나름의 상상을 통해 색을 입혀 재탄생시키는 중이었습니다. 더불어 몇 가지 사물을 그려넣고 자신만의 『윔피 키드』를 만들고 있었지요. 『윔피 키드』의 새로운 판본이

나오기를 기다리면서 자신이 이야기를 만든 겁니다.

아이들은 『윔피 키드』를 읽으면서 자신의 이야기로도 만화를 만들 수 있다는 사실을 알게 되었습니다. 계속해서 끊임없는 이야기를 만들어 낼 수 있다는 기대감을 갖게 된 것이지요. 실제로 『윔피 키드』 시리즈 중에는 『내가 만드는 윔피 키드』라는 책이 있습니다. 이 책을 보면 만화 중간중간에 다양한 소재를 제시하고, 말풍선에는 빈칸만 있습니다. 그림을 보고 직접 대사를 상상해서 채워 보라는 것입니다. 아이들은 손쉽게 이야기를 만들어내 빈칸을 채웁니다.

그냥 빈 종이를 주고 만화를 그려보라고 하면, 그림에 소질이 있는 아이들만 적극적으로 참여합니다. 그림 그리기를 어려워하고, 그림에 관심이 없는 아이들은 마치 미술 숙제를 하듯 부담을 느낍니다. 저도 이 책을 보고서야 아이들이 자신의 직관을 활용해 재미있게 만화를 창작하도록 만드는 방법을 깨달았습니다. 몇 가지를 정리하면 다음과 같습니다.

우선 가장 기본적인 방법입니다. 인터넷에서 어린이들이 볼 만한 네 컷 만화를 찾아서, 여러 장 출력합니다. 이어서 대사가 나온 부분(말풍선)을 지웁니다. 화이트로 지울 수도 있고, 다른 종이를 덧대도 되겠지요. 이 만화를 아이들에게 나누어주고 만화 속 그림만 보며 대사를 상상해서 직접 적어보게 합니다. 자녀가 두 명 이상일 때는 똑같은 만화를 주고 각자 대사를 적게 한 뒤에 서로 어떻게 적었는지 바꿔 읽어보는 것도 좋습니다. 여러 장을 복사해서 학교에서 친구들과 함께 적어보고 돌려 읽는 것도 좋지요. 물론 수업 중 선생님 몰래 만화 창작을 해서는 안 된다는 이야기는 해주어야겠지요(저는 가끔 그런 아이들을 못 본 척하고 넘어가기도 합니다. 몰입한 상태를 존중해주어야 할 때도 있기 때문이지요).

두 번째 방법은 난이도가 조금 높습니다. 같은 방식이지만 이제 한 컷 정도의 그림을 통째로 지웁니다. 역시 네 컷 만화가 좋습니다. 대사도 모두 지웁니다. 그러면 아이는 자연스럽게 대사뿐 아니라 빈칸에 들어갈 그림까지 상상하고 그리게 됩니다.

이런 방식으로 점점 더 빈칸이 많아지고, 아이들 스스로 채워야할 빈 공간이 많이 제시될수록 다양한 소재와 캐릭터를 연결시키게 됩니다. 어느 정도 자신감이 생기면 아이가 직접 백지의 빈 공간에 칸을 만들어가며 짧은 스토리의 만화를 만들게 됩니다.

이러한 과정이 번거롭다면 그냥 『내가 만드는 윔피 키드』를 한 권 선물하는 방법도 있습니다. 이 책은 짧은 컷의 만화 소재 및 캐릭터 구상, 소재를 구상하는 과정을 자연스럽게 익히도록 돕습니다. 처음부터 할 필요도 없습니다. 아이들이 넘겨보다가 하고 싶은 부분부터 채워나가도 됩니다. 각자 끌리는 부분부터 자연스럽게 접근하다 보면 어느새 책 한 권을 가득 채우게 됩니다. 또 꼭 한 권을 다 채울 필요도 없습니다. 어느 정도 진행하다 보면 아이는 자연스럽게 자기의 빈 노트에 같은 방식으로 창작하는 과정을 거칩니다.

이러한 만화 창작의 과정이 아이에게 놀이처럼 느껴져야 한다는 게 중요한 지점입니다. 부모가 창작 교육이라는 틀을 가지고 접근하면 아이들은 거부감을 느낍니다. 마치 공부 시간을 정해놓은 것처럼 30분 동안 앉아서 숙제처럼 제시하거나, 하루를 마칠 즈음 얼마나 했는지 검사를 한다거나, 내용을 보고 이렇게 유치한 내용을 적으면 안 된다고 핀잔을 주면 안 하느니 못합니다. 그렇게 되면 아이는 창작하는 과정을 즐기지 못합니다.

아이가 이것을 해도 되고 안 해도 되는 놀이처럼 여겨야 합니다. 빈칸을 채우다가 생각이 안 나면 잠시 다른 놀이를 해도 됩니다. 그러다가 문득 생각이 나면 마치 색칠 놀이를 하듯이 종이 위에 끄적이는 것입니다. 끝까지 완성하지 않아도 상관없습니다. 창작자들의 서랍 속에도 많은 미완성 작품이 잠들어 있습니다. 그렇게 놓아두면 언젠가 다시 꺼내져서 생명력 있는 결론을 만나 완결되지요.

창작을 하다가 멈추고, 다시 하다가 멈추고, 새로운 내용으로 변경하다가 멈추고, 잊은 채로 있다가 다시 꺼내서 연결해보고 하는 과정을 반복하는 게 중요합니다. 직관 활용 과정은 특정 재료를 집어넣으면 바로 완제품이 나오는 기계처럼 작동하지 않습니다. 당분간 작동을 멈췄다가, 어느 순간에는 감당을 못할 정도로 쏟아져 나오기도 하지요. 그런데 직관의 작동 방식을 인식하지 못하는 교육자나 어른은 그 반대로 아이들을 다룹니다. 아이디어를 낼 수 없을 때는 잠시 쉬고 다른 것을 해야 하는데 시간 내에 완성하기를 요구합니다. 이것은 똑같은 복제품을 그리라고 하는 시험에서만 가능하고 효과적입니다. 반면 아이들이 신나게 새로운 이야기를 쏟아내며 연결점을 찾아서 그려나갈 때, 이제 그 정도 했으면 되었으니 다른 걸(공부·운동·잠) 하라고 합니다. 참으로 안타까운 일입니다. 영감은 바람과 같아서 불어올 때 느끼고 잡아야 합니다. 영감이 불어올 때는 그 바람이 멈출 때까지 충분히 누릴 시간을 보장해주어야 합니다. 조금 늦게 잠이 들더라도 말이지요.

모든 아이가 스토리를 만들어내는 만화 창작자가 될 필요는 없습니다. 하지만 인공지능 시대에 '직관적 창작자'의 능력을 지니는 것은 매우 중요합니다. 기존의 사물·체계·지식 분야에서는 인공지능이 그 역할을 대신할 것이기 때문입니다. 새로운 문제와 직면해서 해결법을 알 수 없는 상황에 이르렀을 때 그 문제를 해결하는 방법은, 직관을 활용한 창작자 스타일로 접근하는 것입니다. 새로운 문제 해결 방법을 찾는 것 자체가 창작과 같은 과정이기 때문입니다.

실존주의 철학자라고 알려진 사르트르에게 있어 인간은 이미 태어날 때부터 만들어진 존재였습니다. 교육자의 입장에서 이미 만들어진 존재를 다루는 최상의 방법은 단 한 가지뿐입니다. 이미 만들어진 존재를 바꾸려 하지 말고, 만들어진 존재 스스로가 그 모습 그대로 새로운 것을 잉태하고 창조할 수 있도록 돕는 것입니다. 아이들이 새로운 만화의 창작 과정에 빠져들도록 놓아두는 것은 그들의 존재를 인정해주는 행위와 같습니다.

## 직관 교육 상담소

Q

다섯 살, 여덟 살 형제를 키우는 엄마입니다.
연령이 다른 두 아이가 함께할 수 있는
직관 놀이가 있을까요? 아빠도 함께 할 수 있다면
더욱 좋을 것 같습니다.

A

다섯 살, 여덟 살 형제가 함께하고, 동시에 아빠도 참여할 수 있는 직관 놀이는 안타깝게도 없습니다. 죄송하지만 너무 이상적인 상황을 상정하셨다고 말씀드리고 싶습니다.

설명을 보충하자면 이렇습니다. 지적 능력, 이성 능력, 감성 능력, 심지어 신체적 조건까지 어느 정도 대등한 상태여야 함께 놀기에 좋습니다. 그렇지 않고서는 한쪽이 일방적으로 돌보아주는 것이지요. 다섯 살과 여덟 살이라면, 단순 계산으로도 초등 1학년과 4학년의 차이와 같습니다. 그들은 학교에서 결코 섞여 놀지 않습니다. 서로 그런 상황을 원하지도 않고요. 그 와중에 아빠가 그 두 아이와 함께 직관 놀이를 한다는 것은 너무 많은 것을 한 번에 해결하고픈, 안타깝지만 이룰 수 없는 바람입니다.

한 번에 다 하려고 하지 마시고, 단계적인 방법을 시도해보실 것을 권합니다. 일단, 첫째 아이와 직관 놀이를 하는 겁니다. 책에서 소개한 놀이(점·선·면 놀이, 이름 짓기 놀이, 끝없는 이야기 놀이, 만다라 칠하기 등) 중 무엇이든 좋습니다. 그때 둘째 아이에게는 명확하게 이렇게 이야기해줍니다.

"지금은 형이랑 노는 시간이야. 우리 철수는 블록을 가지고 옆에서 집을 만들고 있어. 20분 정도 만들고 있으면, 그때 엄마가 철수랑 놀아줄게."

처음에 철수는 자기랑 먼저 놀자고 하거나 자기도 같이 하겠다고 떼를 쓸 겁니다. 그래도 분명하게 선을 그어주세요.

"여기 긴 시계 바늘이 5자가 될 때까지 기다려. 그때까지는 엄마와 형이 노는 시간이야. 그때까지 혼자 블록놀이를 잘하면 엄마가 형과 했던 놀이를 철수하고도 할 거야."

이렇게 하는 것은 둘째 아이에게 긍정적 의미에서 '좌절 교육'이 될 수 있습니다. 경계선이 명확해지는 것이지요. 경계선이 명확할 때 아이들은 안심합니다. 더불어 잠시 기다려야 한다는 사실을 몸으로 배웁니다. 그렇게 20분 정도 형과 함께 노는 동안, 둘째 철수는 엄마가 형과 어떤 방식으로 노는지 엿보고 들으면서 배웁니다. 그리고 자신도 엄마와 그렇게 놀고 싶다고 생각하게 되지요. 이처럼 놀이에 대한 동기가 채워진 후, 형과의 놀이를 끝내고 동생을 불러서 똑같은 방법으로 놀아줍니다.

혹은 더 재미있는 놀이가 있다고 말하며, 아이 수준에 맞춰서 다른 종류의 직관 놀이를 해도 되겠지요. 엄마나 아빠 입장에서는 두 번 놀아주어야 하는 수고로움이 있지만, 그럼에도 이것이 가장 현실적인 방안입니다. 두 아이와 동시에 직관 놀이를 하다 보면 서로 다른 수준 차에 둘 다 흥미를 잃습니다. 동생은 더 잘하는 형의 모습을 보며 자신과 비교하면서 더는 하고 싶지 않다고 느낍니다. 결국 동생은 자기 수준에 맞는 놀이를 하자고 할 것입니다. 반면 형은 동생 수준에 맞는 놀이를 지루해 할 가능성이 높습니다.

다시 말하자면, 수고로우시더라도 형과 먼저 직관 놀이를 하고, 동생은 그 사이 옆에서 기다리게 하면서 놀이에 대한 동기를 유발시켜주십시오. 마지막으로 동생과 놀아주면 됩니다.

---

쉬는 시간

전략적 직관의 고수들 4

## 히딩크와 퍼거슨

직관은 알든 모르든 모든 사람이 발휘하는 능력이다.
일련의 조사 결과를 보면 각종 분야의 의사 결정자들이
직관에 의지함으로써 탁월한 판단과
선택을 내린다는 사실을 알 수 있다.

린 A. 로빈슨, 『직관이 답이다』 중에서

2000년 12월, 한국 축구는 2002년 월드컵을 위해 외국인 감독을 영입합니다. 처음에는 1998년 프랑스에 월드컵 우승을 안겨준 에메 자케 감독을 영입하려 했으나, 거절되었습니다. 결국 2순위였던 거스 히딩크 감독을 영입했지요. 히딩크는 영입 제의를 받고 협상을 진행 중인 가삼현 국제 부장에게 이렇게 물었다고 합니다.

"내가 선수들에게 아무 이유 없이 나무에 오르라고 하면 그것을 용인하겠습니까?"

가삼현 부장이 존중하겠다는 뜻을 밝히자, 히딩크는 제의를 받아들였다고 합니다. 위 질문은 어찌 보면 매우 권위적이고, 맹목적으로 따르라는 것처럼 보입니다. 군대식으로 표현하자면 '까라면 까' 식의 강압마저 느껴집니다. 굴욕을 강요하는 언사처럼 보이기도 하고요.

하지만 저는 위 표현 중에 '아무 이유 없이'라는 문구에 초점을 맞추고자 합니다. '아무 이유 없이'라는 말은 바꾸어 표현하면 '논리적 근거가 없어도'라고 할 수 있습니다. 논리적인 근거가 없다는 말은 자신의 직관이 따르는 대로 선택하고 결정할 테니, 따라줄 수 있겠느냐는 물음과 같습니다. 히딩크는 무언가 예상했을지도 모릅니다. 감독으로서 자신의 직관적 결정에 분명 무수한 반대가 있을 것이고, 그때마다 일일이 토를 달며 설명할 필요가 없다는 것을 선제적 대응으로 표현했다고 볼 수 있습니다.

실제로 현실에서 그러한 일들이 일어났습니다. 히딩크는 당시 한국에서 유망주라고 불리던 선수들을 최종 엔트리에서 대거 제외시켰습니다. 그리고 이름도 잘 알려지지 않은 젊은 신인 선수들을 영입합니다. 그중 대표적인 선수가 박지성입니다. 박지성은 월드컵에서 맹활약을 했고, 지금까지 '히딩크의 애제자'라고 애칭될 만큼 각별한 관계가 되었습니다.

2002년 월드컵을 얼마 남겨놓지 않은 시점, 이영표 선수가 훈련 중 부상을 입습니다. 그 직후 팀 닥터는 근육 파열로 이영표의 월드컵 출전이 불가능할 것이라고 예상했습니다. 하지만 히딩크는 그 정도의 부상이 아닐 거라는 직감으로 이영표의 회복 가능성을 믿었고, 네덜란드의 물리치료사 아노 필립을 따로 불러서 재검사를 의뢰합니다. 진단 결과는 타박상이었고 이영표는 3차전 포르투갈전에서부터 맹활약을 펼치게 됩니다.

16강 이탈리아전에서 히딩크는 역대 다른 감독들이 시도하지 않은 파격적인 전술을 구사합니다. 그 누구도 예상하지 못했습니다. 논리적으로든 이론상으로든 강한 상대를 대상으로 공격수 위주의 전술을 짜는 것은 역습에 노출되는 약점이 있음에도, 그는 수비수를 하나둘씩 빼냅니다. 그리고 그 자리를 공격수로 채워넣습니다. 심지어 팀의 리더 격이던 수비수 홍명보를 공격수 차두리 선수로 교체합니다. 강호 이탈리아에 대적하면서 엄청난 모험이 아닐 수 없었습니다. 결국 연장전까지의 접전 끝에 안정환의 헤딩슛으로 2 대 1 승리를 가져옵니다.

히딩크는 무엇을 보고 무모해 보이기까지 한 과감한 결정을 할 수 있었을까요? 그는 자신의 직감을 과감히 따랐습니다. 만약 그 판단이 잘못될 경우 엄청난 파국을 맞이할 수 있음을 인식하면서도, 그의 직관은 망설임이 없었습니다. 혹자는 그가 그렇게 과감한 결정을 할 수 있었던 데는 평소 선수들을 멀티 플레이어가 되도록 훈련시켰기 때문이라고 평가하기도 합니다. 자신의 의지대로 훈련을 잘 따라준 선수들을 믿었다는 말이지요. 하지만 저는 그것만으로는 설명이 부족하다고 생각합니다. 아무리 자신감이 있다고 해도, 남들이 전혀 가지 않은 길을 내딛기란 말처럼 그리 쉽지 않습니다. 자신의 직관적 판단에 몸을 맡기는 과단성이 습관화된 사람이어야 가능합니다. 히딩크를 명장이라고 부르는 이유는, 그가 자신의 경험 속에서 직감이 어떤 역할을 했는지 스스로 잘 알고, 거기에 따랐기 때문입니다.

이제 알렉스 퍼거슨 감독의 이야기를 해보겠습니다. 지금은 은퇴했지만 그의 감독 생활은 가히 전설적이라고 평가됩니다. 1986년 11월 그는 맨체스터 유나이티드 감독이 되었습니다. 그리고 무려 그곳에서 26년 동안이나 머물렀습니다. 혹독한 유럽 축구 세계에서 한 구단에 26년이나 재임했다는 사실만으로도 기적에 가깝다고 할 수 있습니다. 그는 프리미어리그 우승 13회, 잉글랜드 FA컵 5회, UEFA 챔피언스리그 2회 우승 등 총 38회의 우승 트로피를 가져왔습니다.

사실 맨체스터 유나이티드 말고도 퍼거슨을 원하는 축구 클럽은 많았습니다. 그럼에도 그는 영국의 자존심을 위해 맨체스터 유나이티드를 선택합니다. 사실 그가 영입될 당시 구단의 상황은 매우 불안했습니다. 재정적으로나 선수들의 태도를 보거나 어느 하나 만족할 만한 상황이 아니었습니다. 그러한 악조건 속에서 퍼거슨은 과감하고 신속하게 결정했습니다. 당시 그는 오후만 되면 연습을 마치고 술을 마시던 선수들에게 이렇게 말했습니다.

"나는 변할 생각이 없으니, 여러분들이 변해야 합니다."

히딩크가 유명 선수들을 최종 엔트리에서 제외시켰듯, 퍼거슨은 자신의 뜻에 따르지 않는다고 판단되는 선수들을 과감히 구단에서 쫓아냈습니다. 아무리 유명한 선수라도 말이지요. 그로 인한 비판이 쇄도했지만 그는 멈추지 않았습니다. 그리고 이름도 모르는 젊은 선수들을 발탁해 그 자리를 채웠지요. 훗날 그 선수들은 인기 스타 버금가는 위치에 올랐습니다.

경기 중 퍼거슨의 순간 판단력은 많은 사람들을 놀라게 했습니다. 상상을 초월하는 포지션의 파괴, 번득이는 용병술, 퍼기 타임(시합 종료 전 10분을 지칭하는 말로, 퍼거슨이 이끄는 맨체스터 유나이티드가 이 시간대에 역전을 이루는 일이 많아 이를 '퍼기 타임'이라고 지칭하게 됨) 등 26년의 역사 동안 지루할 틈이 없었습니다. 늘 한 번도 보지 못한 새로움이 있었기 때문입니다.

얼핏 보면 제가 히딩크와 퍼거슨의 순간적인 직관력을 천부적이라고 표현한 것처럼 오해될 수 있어서 몇 가지를 덧붙입니다. 두 감독 모두 과단성 있게 자신의 직감에 따라 전술 및 용병술을 구사한 것은 분명합니다. 그러나 두 사람에게는 아주 작은 것까지 세밀하게 파악하는 철저함이 있었습니다. 퍼거슨은 심지어 축구와 직접 관련이 없어 보이는 구단 청소부들의 이름조차 일일이 알 정도였습니다.

따라서 올바른 직관을 이끌어내고, 그것을 실행에 옮기는 과단성에는 철저한 분석이 선행되어야 한다는 것을 증명해주는 데 두 감독은 충분한 사례가 됩니다. 퍼거슨은 이렇게 말했습니다.

"경기의 99퍼센트는 선수들이 만드는 것이고 1퍼센트는 감독이 만드는 것이다. 그러나 감독의 1퍼센트가 없이는 100퍼센트가 될 수 없다."

저는 그 1퍼센트를 이렇게 해석합니다. 그 1퍼센트야말로 퍼거슨 감독의 영감 혹은 직관적 판단력이라고 말이지요.

# 5교시
# 선생님과 함께하는 '전략적 직관' 키우기

## 점·선·면 연결하기

**추상적인 모양은 때로 놀라운 상상력을 불러일으킨다.**

마티아스 호르크스, 『미래가 든든한 아이로 키워라』 중에서

'점·선·면 연결하기'에 들어가기 전에 먼저 이해해야 할 개념이 있습니다. 바로 '메타 패턴meta-pattern'인데요. 패턴들을 서로 연결시켜주는 패턴입니다. 예를 들어 우리는 음악을 들을 때 몇 마디 간격으로 어떤 일정한 패턴이 있음을 느낍니다. 그런데 메타 패턴은 그러한 각각의 형태를 띠는 패턴을 서로 연결시켜줍니다. 결국 연결된 패턴들이 하나의 악곡으로 재구성되는 것이지요.

이러한 메타 패턴은 음악에만 국한되지 않습니다. 미술, 건축, 소프트웨어 프로그램, 빅데이터 분석 등 거의 모든 분야에서 사용됩니다. 일정한 형식과 패턴이 있는 곳이면 반드시 존재하지요. 패턴을 연결시켜주는 고리가 반드시 존재하기 때문입니다. 그리고 그 연결 고리야말로 직관을 통해 발견됩니다. 이러한 과정을 두고 메타 패턴을 활용한다고 말하는 것이지요. 그럼 구체적으로 이러한 메타 패턴을 익히는 방법을 말씀드리겠습니다.

누구나 미술 시간을 생각하면 우선 '그림 그리기'가 제일 먼저 떠오를 것입니다. 보통 이렇게 진행되지요. 교사가 어떤 주제를 먼저 제시합니다. 그러면 학생들은 그 주제를 상상하고 떠오르는 것들을 도화지에 채워넣습니다. 교사는 학생들의 그림을 보면서 구도, 색감 등에 대한 조언을 해줍니다. 그러면 학생들은 조언을 참고해서

하나의 완성된 그림을 탄생시키지요. 이것이 일반적인 그리기 과정입니다. 백지 상태에서 시작해서 창작의 완성 단계로 나아가는 겁니다. 이 과정만으로도 학생들의 창작력을 일으킬 수 있습니다. 그리는 과정 중에 학생들이 직관을 사용하기 때문입니다. 상상하는 이미지를 표현할 때 직관이 활용되는 것입니다.

그런데 이보다 더 적극적으로 직관을 활용하게 하는 방안이 있습니다. 그것은 바로 전혀 예상하지 못한 과정을 하나 첨부함으로써 가능하게 됩니다. 직관은 예상치 못한 현실의 어려움과 마주했을 때 더욱 적극적으로 활용된다는 점을 이용하는 것입니다. 그 과정은 다음과 같습니다.

일반적인 그림 그리기는 주제를 먼저 알려주지만, 이때는 그림 주제를 먼저 알려주지 않습니다. 먼저 제한 사항을 알려줍니다. 예를 들면, 뜬금없이 백지를 나누어주고는 이렇게 말합니다.

"도화지에 커다란 점을 5개 찍으세요. 위치는 어디든 상관없습니다. 단지 눈에 잘 보이도록 점을 5개 확실하게 그려넣으세요."

이 말을 들은 학생들은 약간 궁금하면서도 당황스럽다는 듯 물어봅니다.

"선생님, 그냥 점을 찍으면 되나요? 아무 데나요? 구석에 찍어도 되요? 점 5개를 모아서 찍어도 되요?"

어떻게 점을 찍든 상관없지만 5개라는 조건만 맞추라고 이야기 해줍니다. 그러면 아이들은 신나게 아무 데나 점 5개를 그려넣습니다. 조심성 있는 아이들도 잠시 눈치를 보다가 이내 점을 찍습니다. 어떤 아이들은 일직선으로 나란히 5개를 찍고, 어떤 아이들은 그저 재미있다는 듯 불규칙적으로 5개를 찍어넣습니다. 또는 적당한 간격을 두고 점 5개를 찍기도 합니다. 아무래도 상관없습니다. 그저 점 5개만 찍으면 잘했다고 해주면 됩니다. 모든 학생들이 점 5개를 다 그려넣은 것을 확인하면 그때 주제를 던져줍니다. 이렇게 말이지요.

"방금 여러분이 찍은 점 5개를 모두 연결해서 웃는 얼굴을 그리세요. 오늘의 그림 주제는 웃는 얼굴입니다. 단 반드시 점 5개를 꼭 연결시켜야 합니다."

이렇게 주제를 나중에 느닷없이 던져주면, 아이들은 탄성을 지릅니다.

"아~ 선생님, 저는 점을 오른쪽 구석에 다 몰아넣었는데 어떻게 연결해서 웃는 얼굴을 그려요? 미리 말해주셨으면 이렇게 안 찍었지요!"

이때 교사는 그저 웃으며 담담하게 말해주면 됩니다.

"세상을 살다 보면 갑자기 마주치는 걸림돌이 많아요. 그게 진짜 현실이지요. 걸림돌이 될지 그 돌을 디딤돌로 바꿀지는 여러분의 선택에 달려 있습니다. 각자의 조건에서 해결책을 찾으세요. 선생님은 어떤 개입도 하지 않고, 아이디어도 제공하지 않을 겁니다. 반드시 조건을 충족시키세요. 점 5개를 연결해서 웃는 얼굴을 표현하도록……."

아이들 입장에서는 선생님이 얄밉겠지만, 그들은 신기하게도 결국 점 5개를 연결해서 웃는 얼굴을 완성시킵니다. 점 5개는 우연적으로 선정된 위치에 자리하고 있지만, 그들은 그 사이에서 메타패턴을 발견하고 연결시킵니다. 물론 그 과정에서 끙끙대는 소리가 들리기는 하지만, 결국 완성시킵니다. 그리고 스스로 놀라지요. 이렇게 저렇게 해보니 어쨌거나 웃는 얼굴이 그려진다고 말이지요. 그리고 서로 친구들의 그림을 보면서 낄낄내고 웃습니다. 무슨 도깨비가 웃는 것 같다고 말이지요.

이 과정에서 중요한 것을 정리하면 다음과 같습니다.

1) 사전에 주제를 알려주지 말 것

2) 제약 조건은 우연적으로 형성되도록 할 것

이 과정은 다양한 방법으로 응용할 수 있습니다. 점을 통한 연결을 충분히 시도했다면 그다음에는 다양한 도형을 그려넣으라고 할 수도 있습니다. 예를 들면 점 5개, 삼각형 3개, 동그라미 2개 등으로 말입니다. 그뿐 아니라 그림 주제도 다양하게 제시할 수 있습니다.

이런 학습을 반복하다 보면 아이들은 마주하는 우연적, 제약적 조건에 당황하지 않게 됩니다. 더불어 어쨌든 해결의 실마리를 찾아야 한다는 목표 의식을 내면화하고 그 과정에서 자신의 직관을 최대한 끌어냅니다. 어차피 우연적인 조건들 속에서는 논리나 체계를 가지고 해결할 수 없다는 것을 직감하기 때문입니다. 직관을 꺼내 쓰도록 만드는 가장 쉬운 방법은 우연적인 제약을 해결하도록 문제를 제시했을 때라는 기본 전제만 기억하면 됩니다. 그러면 아이들은 스스로 알아서 자신의 직관을 꺼내서 활용합니다.

## 삭제하고 연결하기

> **지금까지 내가 해왔던 창조적인 작업들을 돌아보면**
> **불쾌감을 동반한 어떤 난문제가 가장 먼저 다가왔다.**
>
> 영국의 철학자 버트런드 러셀

여기서 소개할 '삭제하고 연결하기'는 초등 3학년 이상 학생들에게 적합합니다. 왜냐하면 기본적인 단어를 쓰고 문장으로 연결시키는 능력이 어느 정도 요구되기 때문입니다. 만약 저학년 학생들에게 적용시키고 싶다면 문장을 쓰지 않고 이야기로 만드는 방법으로 바꿔도 됩니다.

삭제하고 연결하기에는 문제 상황을 최대한 나열한 뒤 단순화시키는 삭제 과정이 필요합니다. 거추장스러운 요소를 제거한 후 전혀 연관성이 없어 보이는 난문제를 해결하는 과정입니다. 구체적 과정은 이렇습니다. 아이들에게 A4 용지 한 장과 연필, 빨간 펜, 파란 펜을 나누어줍니다. 그리고 이렇게 말합니다.

"빈 종이에 연필로 20개의 단어를 쓰세요. 어떤 것이든 상관없습니다. 그냥 떠오르는 대로 적으세요."

그러면 몇몇 아이들이 질문을 합니다.

"먹는 것도 되나요?"

"물건도 되나요?"

"행동하는 것도 되나요?"

다시금 대답을 해줍니다.

"어떤 것이든 다 됩니다. 그저 마음속으로 떠오르는 단어를 무조건 적으세요. 20개입니다. 사과, 배도 되고요. '먹다', '입다'도 됩니다. 자동차·비행기·말·사자 뭐든지 다 됩니다. 20개만 적으세요."

아이들은 금방 20개의 단어를 종이에 채웁니다. 아이들이 20개의 단어를 다 적은 것을 확인하면 다음과 같이 안내를 해줍니다.

"지금 적은 단어 중에 가장 마음에 들지 않는 것 하나를 빨간 펜으로 동그라미 치세요. 오래 망설일 필요 없습니다. 그냥 싫은 단어를 하나 빨간 펜으로 동그라미 치세요."

아이들은 조금 망설이다가 금방 빨간 펜으로 마음에 들지 않는 단어를 동그라미 칩니다. 모든 학생이 빨간 펜으로 한 단어에 동그라미 친 것을 확인하면 다음과 같이 안내합니다.

"이번에는 파란 펜을 드세요. 마찬가지로 마음에 들지 않는 단어를 하나 지워버리세요. 지웠나요? 좋아요. 그럼 다시 마음에 들지 않는 단어를 파란 펜으로 지우세요. 지웠나요? 그럼 이번에도 남은 단어 중에 버려야 할 단어를 골라서 지우세요. ……자 이제 두 개의 단어가 남았을 거예요. 이 두 단어 중에 마지막까지 남겨야 할 단어에 파란 펜으로 동그라미 쳐주세요."

이 과정까지 오면 아이들의 종이에는 두 개의 단어가 남습니다. 맨 처음 버린 빨간 펜으로 동그라미 친 단어와, 맨 마지막까지 버리지 않은 파란 펜으로 동그라미 표시를 한 단어입니다. 이제부터 본격적인 주제를 던집니다. 이렇게 말이지요.

"그럼 이제부터 글쓰기 주제를 주겠습니다. 여러분 종이에서 빨간색 동그라미가 쳐진 단어와 파란색 동그라미가 쳐진 단어를 연결한 게 글쓰기 주제입니다. 만약 내가 맨 처음 버린 단어가 '채소'이고 마지막까지 남겨놓은 단어가 '먹다'라면 글의 제목은 '채소를 먹다'가 되겠지요. 이걸 가지고 짤막한 동화를 써보세요."

이 말을 듣는 순간 아이들은 혼란 상태에 빠져듭니다. 급작스럽게 곤란한 상황이 벌어집니다. 자신이 가장 먼저 버린 단어와 마지막까지 남겨놓은 단어를 연결해서 글의 제목으로 삼아야 하기 때문입니다. 그 둘은 전혀 연관이 없거나 혹은 연관이 있어도 상상하기도 싫은 제목이 되어버립니다. 기가 막힌 제목이 탄생되었던 예를 몇 가지 들어보겠습니다.

제목은 '동생과 놀다'입니다. 이 제목에서 우리는 바로 알 수 있습니다. 평소 싫어했던 동생이고, 가장 원한 것은 '놀다'인데, 공교롭게도 제목은 '동생과 놀다'가 되었습니다. 이 순간부터 평소에 전혀 원하지 않던 내용을 가지고 짤막한 이야기를 만들어야 합니다. 난제가 아닐 수 없습니다. 몇몇 아이들은 탄식을 합니다. 그러면서 단어를 바꾸면 안 되냐고 묻지요. 절대로 안 됩니다. 그 난제를 푸는 과정이 직관을 앞당기는 비결이기 때문입니다. 한번은 이런 제목도 나왔습니다. '아빠와 엄마'입니다. 어떻게 해석해야 할까요? 이 글을 읽으시는 여러분이 각자 유리한대로 해석하시기 바랍니다.

이 작업의 핵심은 두서없이 나열된 가지를 직감적으로 제거하는 것입니다. 몰입을 위한 전초전이라고 할 수 있지요. 부수적인 것들, 애매한 것들을 없애는 작업입니다. 그리고 명확한 것만 남기지요. 그러면 자기가 가장 싫어하는 것과 가장 선호하는 것을 알 수 있습니다. 사실 이 작업까지는 그리 어렵지 않습니다. 그저 느낌만으로 따라가면 되기 때문입니다. 이 작업이 끝나면 진정 난제가 나타납니다. 남은 두 가지 단어만 가지고 새로운 이야기를 탄생시켜야 하니까요. 서로의 연결점을 찾아내야 하지요. 내면에서 상당히 거리가 있는 두 단어를 이으려면 일종의 통찰이 필요합니다. 평소에 전혀 연관성을 생각해보지 않았기 때문입니다. 이처럼 연결 고리를 찾는 과정에는 직관적 사고가 요구됩니다. 실제로 이 작업을 하면서 탄식에 가까운 소리를 내는 아이들을 보기도 했습니다. 하지만 이들은 어떻게든 연결점을 찾아냅니다.

평가를 할 때는, 연관이 없을 뿐 아니라 서로 묶고 싶지 않은 단어를 가지고 하나의 이야기를 만들어내는 과정에 초점을 두어야 합니다. 이야기의 기승전결을 따지거나, 그것이 흥미 있는 이야기인지를 판단할 필요는 없습니다. 두 단어를 연결해서 어떤 이야기든 만들어내면 그것으로 족합니다. 충분히 잘해냈다고 칭찬받을 일이지요.

문장으로 글쓰기가 어려운 초등학교 저학년 아이들에게는 두 단어를 가지고 말하듯 이야기를 해보라고 하는 방법도 있습니다. 아이의 글쓰기 능력에 따라 선택적으로 방법을 약간씩 변형해도 문제없습니다. 두 단어를 찾아내고 그것의 연결 고리를 찾아내는 과정을 안내해주는 게 핵심입니다. 아이들도 스스로 놀랍니다. 전혀 연관되지 않은 단어를 가지고 새로운 이야기가 탄생될 수 있다는 사실만으로도 새로운 세계를 경험하는 것입니다. 내면에서 직관이 꿈틀거림을 느끼는 것이지요.

## 3분 명상

> **맥킨지, 도이치 은행, 휴즈 항공사, 야후, 애플과 같은 다양한 기업들은 다양한 명상 활동을 권장하고 있다. 국립보건원, 매사추세츠 대학, 하버드 대학 심신의학 연구소 같은 기관들은 명상을 하면 뇌파의 활동이 증대되고 직관력이 높아지고 집중력이 강화된다고 밝혔다.**
>
> 린 A. 로빈슨, 『직관이 답이다』 중에서

스티브 잡스가 20대 시절부터 명상을 해왔다는 사실은, 그가 죽은 후 더욱 널리 알려졌습니다. 직관을 강조한 그가 즐겼다는 이유만으로도 많은 이들이 명상에 관심을 가진 것은 그리 놀라운 일이 아닐 겁니다.

한 유명 인사의 특정 사례만으로 명상과 직관 혹은 명상과 창의력을 연결 짓는 것은 무리가 있어 보입니다. 그럴 수도 있고 안 그럴 수도 있다는 반응이 나올 수 있지요. 사람들은 객관적으로 믿을 만한 실험 결과 혹은 통계 또는 증거를 원합니다. 특히 직관보다는 오감을 더 신호하는 이들에게는 당연한 의문입니다. 그래서 나름 연구 자료를 찾아보았습니다. 직관과 명상의 관계를 객관적으로 연결시킬 수 있는 고리가 무엇일까 하고 말이지요.

인터넷에서 명상을 접한 이들을 인터뷰한 내용을 찾아보면, 그들은 대체로 이렇게 표현합니다.

"머리가 맑아지는 느낌이었어요."

"뭔지 모르지만 이전과는 달리 편안한 느낌이에요."

"좀 가벼워졌습니다. 왠지는 잘 모르겠지만 말이지요."

그런데 이러한 답변만으로는 명상과 직관을 연결시키기에 부족해 보입니다. 그저 개인적 느낌의 나열 수준에 머무르기 때문입니다. 그러던 중 뇌파를 연구한 자료에서 직관력과 명상 사이의 연관점을 발견했습니다. '알파파'라고 하는 뇌파가 주인공입니다.

2011년 KBS의 <생로병사의 비밀>이라는 프로그램에서 명상을 다룬 적이 있습니다. '내 몸의 고요한 혁명, 명상'이라는 제목이었습니다. 내용 중에 명상 전후를 비교해서 뇌파의 변화를 그래프로 제시했습니다. 명상 전과 명상 후 뇌파의 가장 큰 변화는 바로 알파파의 증가였습니다. 그리고 덧붙여서 이러한 알파파는 심신의 안정을 가져오는 역할을 한다고 설명합니다. 이 그래프의 해석을 통해 한 가지는 명확해졌습니다. 명상을 하면 알파파가 급증하고 그로 인해 심신이 안정된 느낌을 받는다는 것입니다. 하지만 이것만으로는 명상이 창의력을 작동시키는 직관의 눈을 깨운다고 하기에는 아직 부족합니다. 그래서 다른 사례연구를 소개합니다.

미국 드렉셀 대학의 심리학자 존 코니어스 교수와 노스웨스턴 대학의 심리학자 마크 융 비먼 교수의 연구 팀은 '아하!' 하는 순간에 뇌에서 어떤 일이 벌어지는지를 연구했습니다. 2006년도에 실험을 했지요. 실험 결과 그들은 새로운 사실을 하나 발견했습니다. 몇 번의 실험을 하다 보니, 이미 실험 참가자들의 뇌 상태만으로도 어떤 실험 참가자가 직관적으로 문제를 해결해낼 수 있을지를 미리 판단할 수 있었다고 합니다. 바로 특정한 뇌파의 상태를 통한 것인데요. 이듬해인 2007년 영국 런던 대학의 조이딥 바타챠르야 박사도 비슷한 연구 결과를 얻었습니다. 바로 뇌파 중 알파파가 많이 나타나는 실험 참가자가 직관적으로 문제를 해결한다는 것이지요. 정리해보면 이렇습니다.

명상을 하면 알파파가 급증한다.

→ 알파파가 많은 실험자의 경우 직관적으로(창의적으로) 문제를 해결한다.

→ 그러므로 명상을 하면 직관력을 발휘할 수 있는 뇌 상태로 머물게 될 확률이 높다.

저는 내내 어떤 일에 몰두하다가 잠시 쉴 때(딴짓을 할 때) 직관을 통해 번득이는 통찰이 일어난다고 말했습니다. 명상은 자기를 쉼의 상태로 만들어주는 확실한 방법입니다. 의도적으로 오감을 잠시 내려놓는 것이지요. 심지어 생각조차 멈추게 합니다. 아무것도 하지 않고 온전히 쉬는 상태입니다.

그럼 어떻게 해야 초등학생이 명상과 친숙해질 수 있을까요? 그리 어렵지 않습니다. 오히려 어른들에게 하는 것보다 더 쉽습니다. 10년 가까이 담임을 하면서 학급 아이들에게 짧게는 1분, 길게는 3분 정도 명상을 하게 했습니다. 학교 오는 날이면 거의 매일 했지요. 대부분 아이들이 명상 몰입도가 무척 높았습니다. 단 한마디만 했을 뿐인데도 말이지요. 그들은 참 잘 알아들었습니다. 그 한마디는 이것입니다.

"눈을 감고 숨 쉬는 것에만 집중하세요."

많은 명상 방법이 있습니다. 그것을 일일이 다 소개하려면 책 한 권으로도 모자랄 겁니다. 그런데 모든 명상에 공통되는 것이 있습니다. 그것은 바로 '숨쉬기'입니다. 우리는 의식하지 못한 채 숨을 쉬고 있습니다. 거의 자동이지요. 평소에 너무도 쉽게 숨을 쉬고 있기에 의식하지 못합니다. 그냥 당연한 일상이지요. 이 숨쉬기에만 의식적으로 집중하면 그것이 바로 명상입니다. 명상은 의도적으로 많은 감각을 멈추게 합니다. 의식마저도 무의식에 머물게 하지요. 그러기 위해서는 먼저 감지되고 있는 모든 것을 차단할 필요가 있습니다. 사고의 흐름마저도 멈추게 해야 합니다. 의도적으로 그런 것들을 끊어내기는 어렵습니다. 단 한 가지에만 집중함으로써 자연스럽게 번잡한 고리들을 제거해야 합니다. 바로 숨쉬기에만 집중하는 것입니다. 늘 해오던 것이기에 숨쉬기에 집중하는 것은 그리 어렵지 않습니다. 찬찬히 숨을 쉬고 있는 자신에게만 몰두하다 보면 자동적으로 다른 감각들에 소모되던 에너지를 멈추고, 숨만 쉬게 됩니다. 이것이 명상의 기본이면서 동시에 완성에 이르는 방법입니다.

초등학생에게 시켜본 결과 대부분 놀랍게도 20~30초 이내에 명상에 들어갔습니다. 정말 말을 잘 듣지요. 인간은 천부적으로 명상을 잘할 수 있도록 프로그램되어 있지 않는가 하는 생각이 들 정도입니다. 단지 수험생 못지않게 바쁜 아이들에게 그런 기회를 제공하지 않았을 뿐이지요.

명상은 꼭 앉아서만 할 수 있는 것이 아닙니다. 버스를 타고 가다가, 지하철에서도, 심지어 번잡한 쇼핑몰에서도 가능합니다. 잠시 자신이 숨을 쉬고 있음을 의식하고 천천히 숨을 쉬려고 마음만 먹으면 됩니다. 1분도 괜찮고 3분도 충분합니다. 그사이에 우리의 뇌파는 어느새 직관력을 발휘하고 싶어서 안달하는 알파파로 가득 찹니다.

## 예측 불가, 끝없는 이야기

> **왜 어떤 사람은 항상 즉흥적으로 결정을 내리는 것 같으면서도 최고의 선택을 할까? 비밀은 바로 '단숨에 핵심을 꿰뚫어보는 통찰력'에 있다. 감각과 통찰의 시대, 분초를 다투는 경쟁 세계를 살아가는 우리에게 가장 확실한 자기 투자는 통찰력을 키우는 것이다. 그리고 이 통찰력은 바로 '직관력'에서 비롯된다.**
>
> 게랄드 트라우페터, 『섬광처럼 내리꽂히는 통찰력』 중에서

위대한 경영자들의 '순간 판단력'에 대해 연구한 책이 있습니다. 말콤 글래드웰의 『블링크』라는 책입니다. 말콤 글래드웰은 독보적 스토리텔링으로 출간되는 책마다 세계적인 관심을 받는 창의적 작가입니다. 그는 이 책에서 첫 2초의 힘을 강조합니다. 마주한 선택의 기로에서 직관적으로 감지하는 첫 2초가 결정에 큰 힘을 발휘한다는 것입니다. 논리적이고 과학적인 추론과 사고의 과정을 거치기에 매우 짧은 시간이지요. 글래드웰은 오히려 처음 온몸으로 느낀 직감을 배제하고 지나친 숙고로 한 선택이 실패로 이어짐을 역설하고 있습니다.

이 같은 첫 2초의 힘을 어떻게 하면 초등학생에게 접목할 수 있을지를 고민하다가 만들어낸 방법이 있습니다. 고민할 시간을 너무 많이 주지 않는 것이지요. 바로바로 신속하게 선택하게 하는 놀이로, 일명 '끝없는 이야기 만들기'입니다.

방법은 간단합니다. 최소한 두 명, 혹은 3~5명짜리 모둠을 만듭니

다. 그리고 둥그렇게 둘러앉으라고 말합니다. 아주 편안하게 말이지요. 준비가 되면 다음과 같이 말합니다.

"지금부터 이야기 만들기 릴레이를 시작합니다. 주제는 없습니다. 가위바위보를 해서 이긴 학생이 맨 먼저 아무 글이나 한 문장을 말합니다. 예를 들면 '토끼와 용 한 마리가 살았습니다'라고 말하는 것이지요. 그냥 생각나는 이야기 한 문장을 말하면 됩니다. 그러면 오른쪽에 앉은 학생이 그 이야기를 듣고 이어서 바로 다음 문장을 만들면 됩니다. 3초 이내에 다음 문장을 말하기 시작하세요. 그 이상의 시간이 지나면 지는 겁니다."

게임이 시작되면 교실이 시끄럽습니다. 가위바위보에 이어서 아이들은 돌아가면서 끝없이 이야기를 만들어냅니다. 평소에 주제를 던져주고 이야기를 써보라고 하면 끙끙대던 아이들도 거침없이 문장을 만들어냅니다. 왜냐하면 처음부터 끝까지 자신이 다 만들지 않아도 되기 때문입니다. 그저 앞선 아이들이 한 이야기를 듣고 자신은 한 문장만 덧붙이면 되지요. 주제도 따로 없기에 그냥 생각나는 대로 이어서 문장을 만들면 됩니다. 그러다 보면 이야기가 처음 문장과는 전혀 상관없는 새로운 스토리로 퍼져나갑니다. 처음 등장했던 이야기 속 인물이 죽어 없어지기도 하고 전혀 예측하지 못한 새로운 인물들이 등장하지요. 그렇게 이야기가 빠르게 전개되고 5분도 채 안 되어 하나의 이야기가 탄생합니다. 아이 혼자서는 도저히 해낼 수 없는 일이 벌어지는 것이지요. 이 과정을 통해 아이들은 고민을 오래 하지 않고 떠오르는 생각만 이어서 나열해도 근사한 이야기가 탄생한다는 사실을 알게 됩니다.

이러한 방법은 이야기를 만드는 것에 국한되지 않습니다. 그리기를 접목해서 응용하는 방법도 있습니다. 마찬가지로 최소 두 명 혹은 3~5명짜리 모둠을 만듭니다. 이번에는 둘러앉은 학생들 가운데 책상을 놓습니다. 책상에는 도화지 1장과 연필만 있으면 됩니다.

그리고 이렇게 말합니다.

"가위바위보를 하세요. 이긴 사람부터 먼저 선을 하나 그을 수 있습니다. 동그라미를 그려도 좋고, 세모를 그려도 좋습니다. 그냥 아무 선이나 그어도 됩니다. 그 뒤 다음 사람이 3초 이내에 도화지에 다른 선을 그려넣습니다. 먼저 그린 선에 연결해서 그려도 되고 다른 공간에 그려도 됩니다. 주제는 없습니다. 단 서로 말은 하지 않습니다. 5분 뒤에는 아무 선도 그을 수 없습니다. 무언가 완성된 그림을 그려낸다는 마음만 가지고 시작하세요."

아이들은 5분 동안 말없이 차례대로 선을 그으면서 그림을 완성합니다. 사람이 그려지기도 하고, 처음 보는 동물이 그려지기도 합니다. 그렇게 완성이 되면 다시 제안을 합니다.

"3분 동안 시간을 주겠습니다. 여러분이 지난번에 했던 이야기 만들기 릴레이와 같습니다. 여러분이 그린 그림을 가지고 아무 문장이나 먼저 말합니다. 그리고 다음 사람이 이어서 이야기를 이어갑니다. 제한 시간은 3분입니다. 3분 뒤에 조별로 그림을 들고 나와서 만들어낸 이야기를 들려주세요."

첫 5분 동안 선을 연결하면서 그리는 것은 쉽게 진행됩니다. 그러나 그 그림을 가지고 돌아가면서 한 문장씩 이야기를 만들어 연결하라고 하면 곧바로 항의가 빗발치지요. 어떻게 이야기를 만들 수 있느냐는 불만입니다. 하지만 들은 채도 하지 않고 바로 3분 초시계를 발동하면 아이들은 빠르게 집중합니다. 처음 보는 그림을 가지고 생각지도 않던 이야기를 진개해나가지요. 이 모든 과정을 마치면 아이들끼리 낄낄거리고 웃습니다. 자신들이 생각해도 말도 안 되는 이야기지만 그런 발상이 순간순간 튀어나오는 것 자체가 즐겁고 재미있기 때문입니다.

이 과정은 꼭 교실에서만 이루어질 필요는 없습니다. 가정에서 엄마, 아빠, 아이가 같이할 수 있습니다. 부모가 아이와 놀아줄 방법을 잘 모를 때, 혹은 재미있는 이야기를 들려달라고 아이들이 말할 때, 그 이야기를 함께 만들어나가는 것입니다. 마치 이야기 릴레이를 하듯 말입니다.

끝말잇기 게임은 아이들로 하여금 기억을 끄집어내는 효과가 있습니다. 여러 단어를 유추해내는 힘을 길러주지요. 반면 문장을 이어 이야기를 만드는 게임은 순간적으로 직관력을 발휘하게 합니다. 물론 활용할 단어를 자연스럽게 유추하는 효과를 포함하지요.

르네상스 시대 문학의 거장 괴테는 비단 문학 관련 저서만 남기지 않았습니다. 방대한 분량의 과학 저서가 14권이나 있다고 합니다. 그러한 괴테가 남긴 명언 중에 이런 말이 있습니다.

"오랫동안 고민하는 사람이 늘 최고의 선택을 하는 것은 아니다."

아마도 그가 오랫동안 모든 것을 고려하고 완벽한 글을 쓰려 했다면 그 많은 작품이 탄생하지 못했을지도 모르지요.

## 코딩은 나중에, 팀 프로젝트가 먼저!

> **문재인 대통령과 10분만 이야기할 수 있는 기회가 온다면?**
> **지금의 소프트웨어 교육이 엉망이라고 자신 있게 말할 수 있습니다.**
> **지금처럼 주입식 소프트웨어 교육을 한다면 기업 구인난은 오히려 악화될 거고, 청년 실업난은 더욱 심각해질 겁니다.**
> **차라리 몽땅 없애고 레고 수업을 하는 게 100배 낫습니다.**
>
> 『매일경제신문』 기사 중에서

요즘 학교에 '코딩 교육' 바람이 불고 있습니다. 코딩이란 컴퓨터가 알아듣는 말로 명령문을 작성해서 소프트웨어 프로그램을 만드는 것입니다. 4차 산업혁명 시대, 소프트웨어 전문가 양성이 필요할 것이라는 이유로 발 빠른 학부모는 자녀에게 코딩 교육을 시키고 있습니다. 방과 후 교실로 코딩 과목이 개설된 학교도 있으며, 초등학생을 대상으로 코딩 교육을 하는 사교육 기관도 기하급수적으로 늘었습니다.

하지만 정작 소프트웨어 전문가들은 4차 산업혁명을 준비하기 위해 코딩 교육이 우선시되어야 한다는 목소리에 우려를 표합니다. 4차 산업혁명이 단순히 컴퓨터 언어만 배운다고 해결되는 단순한 사안이 아니라는 것입니다. 같은 관점에서 카이스트KAIST의 전산학부장인 김명호는 한 신문 인터뷰에서 이렇게 언급했습니다.

"작문은 한국어만 알면 누구나 할 수 있지요. 하지만 좋은 글을 쓰는 능력은 한국어만 한다고 되는 것은 아닙니다. 프로그래밍도 마찬가지예요. 코딩은 컴퓨터 언어만 알면 누구나 할 수 있지만 좋은 프로그램을 짜는 것은 언어만 배우다고 되는 게 아닙니다."

그렇다면 좋은 프로그램을 짜는 능력은 어떤 교육을 통해 이루어질 수 있을까요? 프로그램은 필요에 의해 만들어집니다. 어떤 문제가 생겼을 때, 혹은 생활에 불편함이 발생했을 때, 이를 해결하기 위한 방안으로 프로그램을 만드는 것입니다. 결국 좋은 프로그램이란 그 시작이 문제 인식에서 출발한다고 할 수 있습니다. 바꾸어 표현하면, 문젯거리가 향상된 프로그램을 만들고자 하는 동기가 될 수 있다는 말입니다.

교육에 있어 좋은 문젯거리를 던져주고 해결해보도록 유도하는 대표적 방법이 있습니다. 바로 팀 프로젝트 수업입니다. 팀 프로젝트 수업에는 기본 전제가 있습니다. 그것은 바로 해결해야할 문제를 중심에 두고 있다는 것입니다. 교사가 문제를 제시하기도 하고, 학생들 스스로 문제를 파악하고 해결을 시도하기도 합니다. 컴퓨터를 활용해 소프트웨어 프로그램을 만드는 과정이 아니더라도, 팀 프로젝트 수업 자체는 새로운 해결점을 찾아가는 협업이 중심입니다. 이는 소프트웨어 개발자들이 팀을 이루어 좋은 프로그램을 만들어가는 모습과 매우 흡사하지요.

그렇다면 팀 프로젝트 수업의 인원 구성은 어떻게 하는 것이 가장 효과적일까요? 포항공대 화학과 교수인 박문정은 『조선일보』와의 인터뷰에서 이렇게 말합니다.

"학문간 경계가 무너지고 있습니다. 한 분야만 알아서는 안 됩니다. 관심사가 비슷한 친구끼리 모여 있으면 오히려 시야가 좁아져요. 다양한 재주를 가진 동료와 지내며 세상을 향한 관심과 호기심을 넓혀야 합니다."

팀 프로젝트는 이렇게 다양한 구성원과 함께하는 게 좋습니다. 그리고 각자가 능력을 공유해서 문제를 해결하기 위한 방안을 논의하는 것입니다. 서로 다른 관심사를 가진 이들이 모여서 문제 해결을 위한 정보를 공유하는 과정 속에서 사고가 유연해지는 것이지요. 사고의 유연성은 논리적 사고에 고정된 상태를 벗어납니다. 마치 여러 개의 돌멩이와 나뭇가지를 이리저리 실로 엮으면서 새로운 장식품을 만들어내는 것과 같습니다. 전혀 연관성이 없어 보이지만 하나의 작품으로 탄생하는 것이지요. 이러한 사고의 유연함은 인공지능 시대에 매우 중요합니다.

『사피엔스』를 저술한 유발 하라리 역시 이 유연성을 강조합니다. 그는 『매일경제신문』과의 인터뷰에서 “인공지능 시대에는 정보 혹은 기술을 배우기보다 정신적 균형 및 유연성을 길러야 한다”라고 역설했습니다. 그 누구도 예측 불가능한 미래의 변화에 자녀가 어떻게든 대처할 수 있도록 방안을 마련해주어야 하는데, 그 방안이 바로 정신적 균형과 유연성이라고 판단한 것이지요.

정신적 균형과 유연성이라는 측면에서 교실에서 수행할 수 있는 색다른 프로젝트 모형을 소개할까 합니다. 일반적인 팀 프로젝트 수업은 널리 알려졌기에 약간의 변형을 가한 수업 모형을 알려드리는 것이 좋을 듯합니다. 이름하여 ‘체인지 프로젝트 수업 모형’입니다. 사고의 유연성을 극대화하기 위해 고안한 것입니다. 이미 누군가 만들어 제시했다면 그 이름대로 부르겠지만, 제가 아는 바로는 전례를 본 적이 없기에, 그냥 제 마음대로 이름을 붙여봤습니다. 혹시 이 책 이전에 다른 서적에 소개된 적이 있다면 일러주시기 바랍니다.

체인지 프로젝트 수업 모형의 목적은 프로젝트의 완성을 목적으로 하지 않습니다. 표면상 학생들에게는 과제를 완수해야 하는 수행 목표가 있지만, 이 프로젝트의 본래 의도는 갑작스런 혼돈과 마주하게 하는 것입니다. 그 과정에서 균형과 유연성을 회복하려는 시도를 하도록 하는 것이지요.

간단히 설명하면 이렇습니다. 약 두 시간 정도가 소요되는 프로젝트를 팀별로 제시합니다. 어떤 형태의 프로젝트라도 상관없습니다. 예를 들면 미래 도시에 적합한 친환경 자동차 모형을 종이로 만들라고 합니다. 또는 그냥 짤막한 창작 연극을 준비하라고 해도 됩니다. 그러면 아이들은 주어진 재료와 정해진 시간 안에 서로 의견을 제시하며 점차 완성된 형태를 만들어나가기 시작합니다. 그런데 한 시간쯤 지나서 무작위로 팀원의 절반을 다른 팀과 교체합니다. 그러면 갑자기 대혼란이 일어납니다. 똑같은 프로젝트였지만 팀별로 다른 생각을 가지고 절반 이상의 결과를 도출해내고 있을 때, 구성원의 절반을 바꾸는 것은 그야말로 원성을 들을 만한 사건이 됩니다. 학생들이 탄성을 하며 묻습니다. 왜 그래야 하냐고 말이지요. 제 답변은 간단합니다.

"살다 보면 계획대로 되는 일보다 그렇지 않은 일이 더 많단다."

그런데 그때부터 진정 사고의 유연성을 발휘해야 하는 순간이 옵니다. 애초에 아무것도 없는 상황에서 협업하는 것은 어찌 보면 그리 어려운 게 아닙니다. 서로 가진 것이 없기에 버릴 것도 없는 편안한 상황에서 프로젝트가 진행되지요. 하지만 진행 한 시간 뒤의 상황은 다릅니다. 결과물은 이미 어느 정도 나오고 있습니다. 그것을 포기하기란 결코 쉽지 않습니다. 새로 바뀐 구성원이든 기존 구성원이든 마찬가지입니다. 결국 이제부터는 서로 각자 준비한 것이 더 좋다는 논쟁이 시작됩니다. 이때 기존 결과물을 끝까지 고수하는 데만 몰두하는 팀은 제한 시간이 지나도 완성품이 도출되지 않습니다. 팀 구성원이 갑작스레 바뀌었다는 사실을 직시하고, 서로의 미완성품을 어떻게 융합할지 고민하는 팀은 의외의 결과를 만들어냅니다. 사고의 유연성을 사용한 결과지요.

이처럼 체인지 프로젝트 수업 모형은 사고가 어느 정도 고착된 상황에서 팀원의 일부를 새롭게 바꿈으로써, 그 고착을 유연성을 통해 돌파해야만 하는 극단 상황을 의도적으로 제시하는 수업이라 할 수 있습니다.

체인지 프로젝트 수업 모형을 학생들에게 적용할 때 어떤 학생이 제게 했던 말이 떠오릅니다.

"선생님이 이렇게 얄미워 보인 적이 없어요."

그들이 갑작스레 맞은 변화에 적응하느라 얼마나 애썼는지를 표현한 말이라고 생각합니다. 저는 이렇게 답했습니다.

"니들이 허우적거리는 모습이 이렇게 예뻐 보인 적이 없었다."

## 직관 교육 상담소

Q

실제 교육 현장에서 전략적 직관 수업을 진행하면서 겪는
어려움이 분명 있을 것 같습니다.
직관을 수업에 접목하고자 하는 교육철학과
교육 현장 사이의 괴리를 어떻게 극복하시나요?

A

아마도 이런 질문을 하실 수 있는 분은, 지금 교육 현장에서 아이들을 책임지는 선생님이실 거라 생각합니다. 간단하게 말해서 '이상과 현실의 부조화'를 어떻게 극복해가고 있는지를 묻고 계시는 것이겠지요. 우선 그런 질문을 쥐고 계시는 것 자체에 동료 교사로서 깊은 박수를 보냅니다. 그리고 동시에 질문에 대한 답을 드린 겁니다.

그 질문을 계속 손에서 놓지 않고 붙들고 계십시오. 그것이 말씀하신 한계에 따른 괴리를 극복하는 가장 큰 열쇠입니다. 대부분 5년, 10년, 15년 흐르다보면 타성에 젖지요. 그러다보면 어느새 그런 질문조차도 하지 않게 됩니다. 중요한 것은 그 격차를 계속 줄여보려고 시도하는 겁니다. 그리고 그러한 시도를 할 수 있는 원동력은 바로 선생님께서 하신 질문을 놓지 않는 것이지요. 정 힘에 부칠 때는 잠시 쉬셔도 됩니다.

앞서 말씀드렸지요. 직관은 한계와 마주하는 것을 좋아합니다. 그래야 잠시 쉬는 동안 자신의 존재를 드러낼 수 있기 때문이지요. 구체적인 어려움에 어떻게 대응하고 어떤 방법으로 해결했다고 하는 각론들은 직관 교육에 큰 도움이 안 됩니다. 그러한 사례는 무수히 많이 발생하기 때문입니다. 또한 매순간 그 사례들을 기억했다가 써먹는다고 효과를 발휘하는 것도 아닙니다. 직관 수업을 하는 교사로서 자신 스스로 직관 패턴을 몸으로 익히고, 그것을 활용하는 생활 리듬을 지니시기 바랍니다.

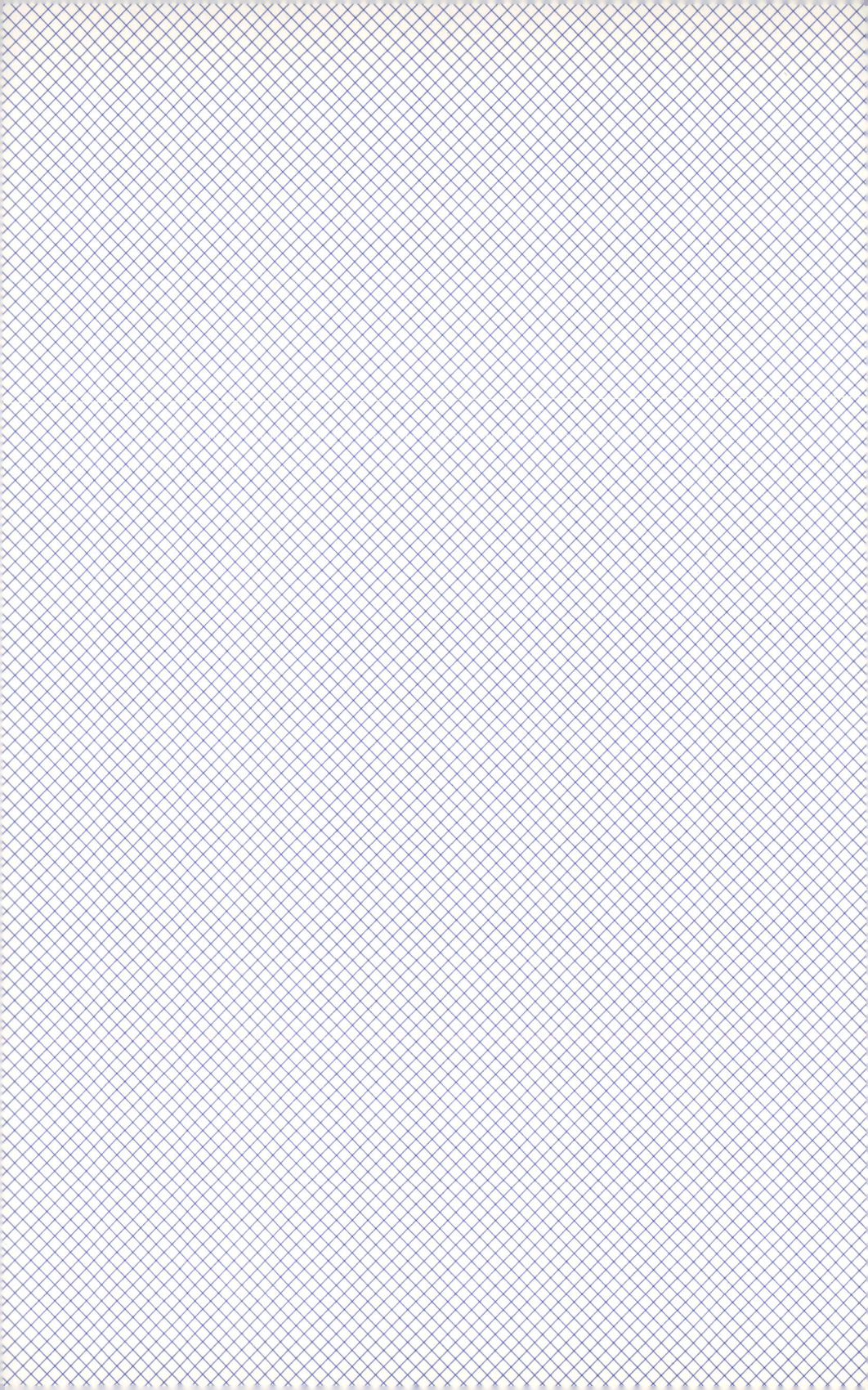

전략적 직관의 고수들 5

## 배상민과 이제석

날마다 새벽에 일어나 주방에서 커피를 데워 큼직한 머그잔에
따르고 그 잔을 들고 책상 앞에 앉아 컴퓨터를 켭니다.
그리고 '자, 이제부터 뭘 써볼까' 하고 생각을 굴립니다.
그때는 정말로 행복합니다. 소설이라는 건
기본적으로 퐁퐁 샘솟듯이 쓰는 것이라고 생각합니다.

무라카미 하루키, 『직업으로서의 소설가』 중에서

간단히 정리해보겠습니다. 이순신, 나폴레옹, 퍼거슨, 히딩크. 이들은 순식간에 벌어지는 일련의 사태를 마주하고 직관적 판단력을 극대화한 인물들입니다. 전투 혹은 빠르게 진행되는 축구 시합 같은 역동성 속에서 신속하고 과감하게 판단 내리지요. 뉴턴, 아인슈타인, 에디슨, 스티브 잡스는 직관을 통해 기존의 이론을 뛰어넘는 진보적 성과를 발견한 이들이라 할 수 있습니다. 이들은 기존 원칙을 넘어 새로운 원리를 발견하는 즐거움을 아는 사람들입니다.

그렇다면 지금 소개할 배상민과 이제석은 직관을 통해 무엇을 이룬 사람들이라고 할 수 있을까요?

배상민과 이제석의 직관은 피카소가 사용한 예술적 직관의 범주에 속한다고 볼 수 있습니다. 창의력을 바탕으로 작품을 만들어내는 이들이지요. 직관에서 발휘되는 예술적 표현을 통해 창조적 작품을 잉태하지요. 개인적으로 이 범주의 직관을 선호합니다. 참신하면서도 동시에 아름답기 때문입니다. 직관을 통해 발휘된 은은한 아름다움은 보는 이를 도취시킵니다. 이것은 예술적 직관이 특히 초등학생에게 아주 쉽게 호감을 사는 이유이기도 합니다. 비단 예술적 혹은 미술적 창의력뿐 아니라 시, 소설 같은 문학작품을 만들어내는 이들, 새로운 음악 장르를 개척하고 듣는 이로 하여금 계속 듣고 따라 부르고 싶은 노래를 작곡하는 이들도 같은 직관을 사용한다고 할 수 있습니다. 이들의 공통점은 새로운 아름다움을 만들어낸다는 것이지요.

예술적 직관을 통해 작품을 창조해낸 이들은 많습니다. 그럼에도 배상민과 이제석을 소개하는 이유는 따로 있습니다. 이들은 자신이 지닌 예술적 직관을 '공공선'으로까지 확대한 인물들이기 때문입니다. 사람들에게 아름다움을 선사하는 것만으로도 '선善'에 가깝다고 하겠지만, 삶이 어려운 이들을 위한 디자인과 광고를 제작한다는 데 더 큰 의의가 있습니다. 그러한 발상을 한 것 역시 하나의 도전이며, 지금껏 보지 못한 새로운 분야를 선도하는 것이라고 생각합니다. 또 그 생각을 실천에 옮긴 이 둘이 한국인이라는 사실은 우리 초등학생들에게 롤 모델이 되기에 충분합니다.

카이스트 산업디자인학과 교수 배상민은 자신을 '3D 디자이너'라고 칭합니다. 처음 이 표현을 언뜻 보고 입체적 디자이너라는 뜻인가 하고 생각했습니다. 그런데 내용을 보고 정확한 뜻을 알게 되었습니다.

> 나는 꿈Dream을 꾼다. 고로 존재한다.
> 나는 그 꿈을 디자인Design한다. 고로 존재한다.
> 나는 그 디자인을 기부Donate한다. 고로 존재한다.

이를 초등학생을 대상으로 쉽게 풀어쓰면 이렇게 되겠지요.

"어린이 여러분, 마음껏 상상하세요. 그리고 상상한 것을 만들어보세요. 이제 만든 것을 서로 나누어봅시다."

자신의 존재 이유를 '3D'에 두었기에 그의 직관은 그 목적대로 움직입니다. 꿈꾸고 디자인하고 나누는 방식으로 말이지요. 많은 창의적 인재가 단지 수입을 내기 위한 창조에서 멈춘 반면, 그의 직관은 창조 방식을 더 확대했다고 할 수 있습니다. 나눔이라는 '공공의 목적'을 이루는 데까지 말입니다.

그래서인지 그가 만들어낸 작품에는 그러한 목적이 잘 반영되어 있습니다. 아프리카에서 말라리아에 물려 죽어가는 아이들을 살리고자 만든 '모기 퇴치 사운드 스프레이', 제3세계 사람들이 오염된 물을 마시고 병들어가는 것을 막기 위한 '황토 정수기' 등이 그렇지요. 인터넷에서 '배상민' 석 자만 검색해보면 그의 작품을 볼 수 있습니다. 아름답고 단순하면서도 선순환적인 요소를 가지고 있습니다.

이어서 광고 천재라고 불리는 이제석에 대해 알아보겠습니다. 이제석은 스스로를 동네 간판장이라고 부릅니다. '광고 디자이너'라는 멋진 이름을 뒤로하고 동네 간판장이라고 칭하는 이유는 단순합니다. 그러한 위치에서도 세계를 놀라게 할 만큼 자신이 있다는 의미겠지요.

그는 자신의 창조 법칙을 '불만'에서 찾습니다. '불만은 영혼을 일깨운다'고 하면서 말이지요. 평소에 불만족스러운 부분을 집요하게 파고듭니다. 불만을 없애고자 하는 데서 새로운 발상이 시작됨을 잘 인식하고 있는 것이지요. 책의 앞부분에서 언급한 '좌절은 직관의 문'이라는 표현과 일맥상통한다고 볼 수 있습니다. 심지어 그는 한발 더 나아가 창조성에 대한 질문에 이렇게 대답한다고 합니다.

"당신의 크리에이티비티creativity는 어디에서 나옵니까?"

"파괴에서 나옵니다."

한때 미국에서 실력을 인정받아 유명 회사들의 광고를 맡아서 많은 돈을 벌면서도 마음 한구석에는 늘 이런 질문이 들었다고 합니다. '사람들을 현혹하는 광고를 만들어서 더 많은 물질을 추구하고, 결국 그러한 것을 소유하고픈 욕구를 일깨우는 데 나의 능력을 발휘해야 하는가?'라고 말이지요. 그러고는 유명 광고 회사의 러브 콜을 뒤로하고, 한국으로 돌아옵니다. 그리고 지금껏 많은 공익 광고를 만들어냈습니다. 그도 역시 자신의 예술적 창의 직관을 '나누는 데'까지 확대한 것입니다.

# 6교시
# 우리 아이 '전략적 직관' 응용하기

## 버커니어식 도전

> **실제 사건들에 대해 더 큰 확신을 가질 순 없어도,**
> **최소한 그런 일들이 남긴 인상에 대해서만은**
> **정직해질 수 있을 것이다. 내가 감당할 수 있는 건 거기까지다.**
>
> 줄리언 반스, 『예감은 틀리지 않는다』 중에서

만약 여러분에게 사전 지식이 매우 부족한 상황에서 특정 문제를 해결하라고 한다면 어떻게 하시겠습니까? 아마도 대부분은 이렇게 말하고 정중하게 거절하겠지요.

"미안합니다만 저는 그 분야 전문가가 아닙니다. 다른 사람을 찾는 것이 좋겠습니다."

"저는 그 문제에 대해 고민해본 적이 없습니다. 제게 맡기는 것은 적절치 않은 것 같습니다."

반면 이 비슷한 질문을 초등 3학년 이하 아이들에게 던지면 다른 대답이 나옵니다.

"재미있을 것 같은데요. 어떻게 하면 되나요?"

"잘 모르겠어요. 근데 뭐부터 하면 되지요?"

물론 이렇게 대답하는 학생도 있습니다.

"일단 무슨 말인지도 모르겠고, 어려울 것 같아요. 안 할래요. 그런데 더 쉬운 건 없나요?"

우리는 여기서 어른과 아이의 미묘한 차이를 느낄 수 있습니다. 어른들은 포기 의사가 빠른 반면, 아이들은 바로 포기하지 않습니다. 포기한 듯 보여도 여지를 남기지요. 힌트를 달라든지, 더 쉬운 무언가를 제시해달라고 말이지요. 그리고 일단 문제가 주어지면 풀고 싶다는 동기로 가득 채워집니다. 풀 수 있다는 구체적 확신이 없더라도 말이지요. 그런데 학년이 올라가면서 초등학생들도 점차 어른들과 비슷한 대답을 합니다.

"공식을 몰라요. 못 풀 거예요."

"안 배웠어요. 그걸 어떻게 알겠어요?"

교육자로서 스스로에게 이런 질문을 던져봅니다.

'분명 오랜 시간 동안 더 많이 배웠는데, 왜 아이들은 학년이 올라갈수록 문제 앞에서 더 주춤거릴까?'

결론은 이렇습니다. 우리 교육에서 '맞고 틀림'이 너무 우선되었기 때문입니다. 문제 해결 과정에는 추측과 예측의 과정이 있고, 오류가 발견될지라도 그것이 새로운 결과를 도출하기 위한 과정의 일부라는 걸 알려주어야 하지만, 실상 그렇지 못한 것이 현실이기 때문입니다. 주어진 공식과 논리에 딱 맞아떨어지는 것만 배운 아이들은 불확실성 앞에서 그냥 멈추어버립니다. 누군가 알맞은 공식을 가져다주기를 바라면서 말이지요.

그런데 그러한 교육 방식과 반대로 간 사람이 있습니다. 『공부와 열정』의 저자 제임스 마커스 바크입니다. 바크는 앞서 2교시에서 잠시 언급했지만, 그의 버커니어식 학습에 대해 재차 간략하게 소개하겠습니다. 버커니어식 학습이란, 쉽게 표현하면 해적질하듯 주어진 과제에 연구하고 몰두하는 것입니다. 그는 생전 다루어보지 못한 프로그램에 대한 요청이 들어왔을 때도 일단 수락을 했다고 합니다. 그리고 그 순간부터 공부를 시작했지요. 그 문제를 풀기 위해 알아야할 사전 지식부터 다양한 알고리즘까지 말입니다. 일반적 시선에서는 참으로 무모해 보이고, 심지어 무책임하게 느껴지기도 합니다. 그러다가 해결하지 못하면 그 모든 것을 어떻게 감당할 수 있을까 하고 말입니다.

하지만 무모한 듯 보이는 이런 방식은 그를 스무 살에 애플 컴퓨터사의 최연소 매니저가 되게 했습니다. 현재는 소프트웨어 테스팅 분야 전문가로서 많은 연구소와 대학에서 강연 활동을 하고 있지요.

적어도 초등학교 기간만큼은 이러한 버커니어식 학습이 아이들의 일상이 되어야 합니다. 직관은 대부분 무모한 듯 보이는 불확실성의 상황에서 머리를 디미는 경우가 많기 때문입니다.

아이들에게 버커니어식 도전을 하게 만드는 몇 가지 방법이 있습니다. 평소에 전혀 생각해보지 못한 문제를 해결하라고 제시해주는 것이지요. 예를 들면 이런 겁니다. 그냥 주변에 보이는 물건을 몇 가지 쥐어주고서 이런 미션을 줍니다.

"여기 신문지 한 장이 있습니다. 나무젓가락도 있네요. 두꺼운 박스도 반 토막 있군요. 선생님이 계란을 하나 줄 테니 2층에서 떨어뜨렸을 때 깨지지 않도록 만들어보세요. 시간은 30분 주겠습니다."

한 번도 배워본 적 없고, 시도해본 적 없는 제안 앞에서 아이들이 머리를 맞대고 토론과 논의를 거쳐 무언가를 만들어냅니다. 일단 시도해보는 것이지요. 대부분 실패를 하면서도 즐거워합니다. 가끔 놀랍게도 성공하는 팀이 나옵니다. 다른 팀 아이들은 부러워하지요. 그래도 자신들이 실패한 것을 부끄럽게 여기지 않습니다. 정말 모든 전략을 다 구상해서 시도했기 때문입니다. 자신의 직관을 최대한 활용해서 번득이는 아이디어를 떠올렸고 그것을 시도했지만 실패했습니다. 그 과정을 통해 아이들은 알게 됩니다. 비록 실패했더라도 직관을 통해 아이디어를 떠올리는 과정이 즐겁다는 사실을 말이지요. 그래서 실패로 좌절하기보다는 시간만 더 있었다면 성공할 수 있었을 텐데 하면서, 더 도전하려고 합니다.

이러한 도전적 과제는 많습니다. 오늘 하루 날씨를 보면서 내일 아침의 날씨를 예측하게 하는 것입니다. 그러면 아이들은 운동장에서 놀다가도 문득 다양한 것을 관찰하고 추측합니다. 바람이 어떻게 부는지, 태양이 뜨거운지, 구름이 있는지 등을 보고 나름 예상을 하지요. 그리고 집에 가기 전에 예상한 날씨를 적어냅니다. 나름 합리적인 근거들을 제시하면서 말이지요. 그리고 내일을 기다립니다. 마치 소풍가는 날 저녁처럼 내일의 날씨를 기다리면서 즐거워하지요.

고학년의 경우, 주식에 대해 거의 배우지 않은 아이들일지라도 간단한 설명만 해주고는 앞으로 일주일 뒤 오를 주식을 3일 안에 조사해오라고 시킵니다. 아직 경제관념도 제대로 잡히지 않은 아이들에게, 전문 펀드매니저도 예측할 수 없는 일을 제시하는 거지요. 그래도 그들은 즐거워합니다. 3일 뒤, 정말 투자를 했다면 얼마를 벌 수 있었다는 둥, 얼마를 잃어버렸을 거라는 둥 하면서 말입니다.

어떤 어려운 주제나 과제를 주어도 상관없습니다. 초등학생들에게는 틀려도 어차피 잃을 것이 없습니다. 맞추면 재미있는 것이지요. 이 과정은 아이들에게 무엇이든 일단 시도해볼 수 있다는 인식을 심어줍니다. 적어도 자신의 직관을 활용해 문제 해결을 시도한 일에 대해서는 실패해도 재미있었다는 좋은 기억으로 가득하기 때문입니다.

## 무의식의 절제와 사용

**자식도 품 안에 있을 때 자식이지**
**스물한 살씩이나 먹은 장정, 애기 애비가 된 자식을**
**어린애들처럼 방 안에다 가두고 그러시오?**

최명희, 『혼불』 중에서

세상을 살아가다 보면, 배운 것만 가지고는 쉽사리 판단하거나 선택하기 어려운 일이 많습니다. 이럴 때를 위해서 직관을 무의식적으로 꺼내서 쓰는 습관이 들어 있어야 합니다. 하지만 그러기 위해서는 무의식의 습성에 대해서 몇 가지를 알아야 합니다. 사람들은 대부분 무의식의 지배를 받고 산다고 해도 과언이 아니지만, 정작 무의식이 어떻게 발동하며 또 어떤 영향을 미치는지에 대해서는 잘 모릅니다. 어떤 행동과 선택을 하든 나중에 합당한 이유를 만들어서 그럴 수밖에 없었다고 스스로를 설득시키기 때문입니다.

직관 활용을 잘하기 위해서는 메타인지를 통해서 무의식적 행동 패턴을 바라보아야 합니다. 모든 무의식적 행동이 직관에 도움이 되는 것은 아니기 때문입니다. 직관 활용에 도움이 되는 무의식은 계속 사용해야 하고, 직관 활용을 망설이게 만드는 무의식적 행동은 절제해야 합니다. 그 구분 지점에 대한 이야기를 해보겠습니다.

우선 절제되어야 할 혹은 의식하면서 버려야할 무의식의 측면에 대해 말해보겠습니다. 큰 틀로 쉽게 표현하면 '상처받은 무의식의 잔재들'이라고 할 수 있습니다. 몇 가지 예를 들면 이렇습니다. 심리학 용어로 '트라우마trauma'라는 것이 있습니다. 또한 '콤플렉스complex'라는 것도 있지요. 이밖에도 마음의 증상을 나타내는 용어가 더 있지만, 이 두 가지를 우선적으로 언급하겠습니다.

〈셔터 아일랜드〉라는 영화가 있습니다. 리어나도 디캐프리오가 주연으로 나오지요. 이 영화는 무의식과 트라우마의 관계를 비교적 잘 드러냅니다. 주인공 '테디'는 제2차 세계대전 중 아내와 딸을 잃습니다. 그리고 평생 트라우마에 시달리지요. 자신이 그들을 지켜주지 못했다는 죄책감을 끌어안은 채 말이지요. 그는 견딜 수 없는 기억을 무의식 너머로 잊어버리려 합니다. 하지만 무의식 속에 감춰둔 그의 트라우마는 음악이라는 매개체를 만날 때마다 불쑥불쑥 튀어나옵니다. 테디에게는 견디기 어려운 이 혼란들은 편두통, 환상, 꿈이라는 형태로 그를 괴롭히지요.

이렇듯 콤플렉스도 트라우마처럼 일정한 매개체를 만나면 무의식 속에 억압되어 있다가 불현듯 제 모습을 드러냅니다. 심리학에서는 콤플렉스를 '누름단추button'라고 표현하기도 하는데, 억압된 단추를 누르기만 하면 격동하며 반응한다는 뜻입니다.

이러한 트라우마와 콤플렉스는 순수한 직관의 활용을 억제합니다. 직관이 현실을 직시하려는 순간 엄청난 방어기제를 작동시키지요. 진실을 바라보기가 두렵고 고통스럽기 때문입니다. 현실을 직시하는 순간 견뎌낼 수 없다는 것을 알기에 어느 면에서는 정신적으로 적절한 대응이라고도 볼 수 있습니다. 하지만 근원적 문제 해결에 있어서는 그렇지 않습니다. 언제까지나 세상을 회피하며 살게 만들지요.

누구나 심리적 상처를 끌어안고 살아갑니다. 정도의 차이만 있을 뿐이지요. 어른들이 보기에 얼마 살지 않은 어린아이에게조차도 트라우마와 콤플렉스는 있습니다. 어른의 눈으로는 별일 아닌 사건이지만, 아이들 입장에서는 생명의 위협을 느낀 것 같은 순간을 겪기 때문입니다.

교사와 학부모의 입장에서는 그러한 아이들의 무의식을 바라보려는 노력을 해야 합니다. 아이들 스스로 자신의 트라우마나 콤플렉스를 제거한다는 것은 불가능에 가깝기 때문입니다. 불쑥불쑥 드러나는 아이들의 격한 반응 속에 숨겨진 무의식이 있다는 것을 늘 염두에 두고, 관찰하며 대화를 시도해야 합니다. 필요하다면 전문가의 도움을 받는 것도 고려해야 하고요. 그 어떤 시기보다도 긍정적 직관을 뿜어내는 경험을 해야 할 시기에, 자기도 모르는 사이 방어기제로 자신을 보호하느라 에너지를 낭비하지 않도록 해야 합니다.

무의식 안에서 직관을 적극 활용하기 위한 기본 방안이 있습니다. 초등교육에서는 기본 생활 습관이라고 말하지요. 바로 '잠'을 푹 재우는 것입니다. 무의식을 말하다가 갑자기 잠으로 연결하는 이유는, 충분한 수면 상태에서 무의식이 자기 자신을 마음껏 드러내기 때문입니다. 대표적인 것이 잠을 자면서 펼쳐지는 무의식의 향연, 즉 꿈입니다. 꿈은 의식적 결과물이기보다는 드러나지 않은 무의식이 마음껏 영향을 미치는 공간입니다. 무의식이 영상으로 드러나는 순간이지요. 많은 심리학자가 무의식의 영향을 연구하기 위해 '꿈 분석'을 시행하는 것만 보아도, 꿈과 무의식이 얼마나 긴밀하게 연결되어 있는지 알 수 있습니다.

여기서 잠을 말하는 것은 단순히 아이가 꿈을 잘 꾸도록 잠을 재우라는 게 아닙니다. 충분한 수면을 허용하는 가정환경이 아이에게 여유를 주어서 다방면에 관심을 갖게 하기 때문입니다. 숙제하느라 혹은 공부하느라 잠이 부족한 초등학생이 꽤 많습니다. 초등학교 고학년만 되어도 밤 12시에 취침하는 것을 사회적으로 당연시합니다. 이러한 환경에서는 긍정적 직관이 발휘될 여지가 희박합니다. 직관은 쉼 속에서 작동하기 때문입니다.

많은 업적을 이룬 사람 중, 난관에 부딪혔을 때 꿈속에서 그 해결의 실마리를 발견한 예들은 너무 많습니다. 직관 전문가 린 A. 로빈슨은 저서 『직관이 답이다』에서 이렇게 말합니다.

"수면위원회를 가동시켜라."

그는 더 나아가 잠들기 전에 미해결된 문제에 대해 고민해보라고 말합니다. 잠을 자는 동안 무의식이 꿈을 통해 그 해결 방안을 찾아주게 될 것이라고 말이지요.

아이들과 꿈에 대한 이야기를 자주 나누는 것도 좋은 방법입니다. 꿈이 지닌 많은 상징적 의미들을 분석하고 해석할 수 없어도 괜찮습니다. 할 수 있다면 더 없이 좋겠지만 대부분의 꿈 분석 전문가가 아닌 이상 그저 길몽이다 흉몽이다 정도만 판단하고 말겠지요. 부모로서 자녀의 꿈 이야기를 들으면서 해야 할 작업은, 꿈에 드러난 상징을 섣부른 지식으로 해석하려 하지 말고 일단 잘 듣는 것입니다. 그리고 아이 스스로 유추해보게 합니다. 유추는 그 꿈속에서의 느낌을 표현하도록 하는 것에서 시작합니다. 그러면 아이들은 스스럼없이 자신의 느낌을 표현합니다. 그렇게 꿈을 상기하고 그 느낌을 다시 떠올려보는 것만으로도 아이들은 자기 내면에 귀를 기울이는 법을 배우게 됩니다. 그리고 방어기제를 통해 현실을 왜곡하지 않고 직시하는 과정을 조금씩 터득하게 됩니다. '직관을 통한 바라봄'이 이루어지는 것이지요.

사실 이러한 과정은 짧은 시간에 되는 것이 아니며, 어느 정도 인간 심리에 대한 성찰적 이해가 있은 후에야 조심스럽게 접근 가능합니다. 그럼에도 두려워하지 말고, 부모 혹은 교사로서 아이의 무의식에 접근하려는 시도를 해야 합니다. 직관이 가진 가장 위대한 기능 중 하나인 '현실 직시'를 하기 위해서는 반드시 거쳐야 할 관문입니다. 그래야만 아이와 부모 모두 자기를 무의식 속에 감추고 무엇이 진실인지도 모른 채 살아가지 않을 수 있습니다.

앞서 소개해드린 〈셔터 아일랜드〉의 마지막 대사는 이렇습니다.

"괴물로 평생을 살 것인가, 아니면 선한 사람으로 죽을 것인가."

저는 위 대사를 이렇게 바꾸고 싶습니다.

"무의식 속에 진실을 감추고 살 것인가, 단 한 번이라도 현실을 직시해보고 죽을 것인가."

우리 아이들이 앞으로 살아갈 시간은 차고 넘칩니다. 그들이 자신의 직관을 통해 현실을 있는 그대로 정직하게 바라보며 살아갈 수 있도록 지원해야 합니다. 그 지원의 책임은 어른들에게 있습니다.

# 웃기는 직관

> **일상적으로 쓰는 글은**
>
> **무엇보다 '유머 코드'를 살려야 합니다.**
>
> 유시민, 『표현의 기술』 중에서

순간적으로 직관을 자주 꺼내 써야 하는 직업에는 무엇이 있을까요? 아무래도 순수 창작을 하는 문학 및 예술 분야의 직업을 떠올릴 수 있을 겁니다. 하지만 저는 그들보다 더 자주 순간적으로 직관을 활용하는 직업은 '코미디언'이라고 생각합니다. 그들은 청중을 웃길 때 준비된 대본에만 의존하지 않습니다. 순간적인 기지를 발휘해 주어진 짧은 시간에 최대한 많이 웃기려고 애쓰지요. 말이 안 되는 상황을 연결해가면서 말입니다.

우리는 보통 창의적인 발상을 잘하는 민족으로 유대인을 꼽습니다. 창의성의 기반이 되는 유대인의 교육 방법을 연구한 서적은 무수히 많습니다. 그 조사들을 보면 역대 노벨상 수상자 중 유대인이 차지하는 비중은 22퍼센트나 된다고 합니다. 그뿐만 아니라 미국의 100대 부호 중 대략 20퍼센트, 아이비리그 대학 교수의 20퍼센트 정도가 유대인 출신이라고 합니다. 하지만 저를 더 놀라게 하는 조사 결과가 있습니다. 그것은 미국 코미디언 중 80퍼센트가 유대인이라는 『타임』의 통계입니다. 비록 20여 년 전의 통계이지만 그 막대한 비중은 지금도 크게 변함이 없을 겁니다. 이 통계는 유대식 교육에서 유머가 차지하는 비중을 보여주는 것 같습니다.

영국의 사회학자 캐서린 하킴은 '매력 자본'이라는 개념을 설명하면서, 그 중요한 요소로 유머를 이야기합니다. 그는 매력 자본이 경제 자본, 문화 자본, 사회 자본에 이어 제4의 자산이라고까지 말하지요. 유대인의 빈번한 성공 비결 중 하나는, 직관을 통한 순간적 유머 감각을 유지한 것이 아닐까 합니다. 그들은 숱한 역사적 난관을 만나면서도 유머를 통해 상황을 바꾸는 능력을 잃지 않았습니다.

유머의 핵심은 전혀 연관이 없어 보이는 것들을 관통하며 재치 있게 빠져나가는 순간적 직관 능력의 발휘에 있습니다. 논리적이지 않지만 관통하는 맛이 있기에 사람을 웃게 만들고, 순간적으로 마음을 무장해제시키는 효과를 발휘하지요. 더불어 삶의 문제들 앞에서 유연해질 수 있는 여지를 줍니다.

초등 자녀의 직관력을 테스트해보고 싶다면 간단합니다. 우리 아이가 평소에 얼마나 재치 있는 유머를 구사하며 일상을 보내는지를 보면 됩니다. 그리고 아이가 유머를 발휘하는 순간에 함께 웃어주고 그에 이어서 더욱 유쾌한 순간을 계속 이어나가는 것이지요. 그렇게 하면 아이들의 직관력은 즐겁게 계속 분출됩니다.

보통 한국의 부모들은 등교하는 자녀에게 이렇게 말합니다.

"잘 다녀와. 선생님 말씀 잘 듣고, 친구들이랑 사이좋게 지내고."

하지만 자녀의 순간적 판단과 직관이 표출되도록 하기 위해서는 이렇게 말해주어야 합니다.

"오늘 친구들이랑 선생님이랑 많이 웃기고 오렴."

방과 후 집에 돌아온 자녀에게는 이렇게 물으면 됩니다.

"오늘은 얼마나 웃기고 왔니?"

만약 집에 돌아온 자녀가 이렇게 대답한다면 아무 걱정을 하지 않아도 됩니다.

"무지 많이 웃기고 왔어요."

그렇게 대답하는 아이는, 창의력 부분은 물론 아이의 정서와 대인 관계 모두 염려를 놓아도 됩니다. 어떤 난관을 만나도 그의 직관력은 칼날 같이 파고들며 헤치고 나올 테니까요.

수업 중 간간이 터져나오는 아이들의 유머를 들으면 기분이 좋아집니다. 그리고 그 아이의 미래가 보입니다. 과도한 학원 숙제, 공부, 친구 관계에 어려움이 있던 다른 아이들도 그 아이 덕분에 한순간 전혀 다른 세상을 만나지요. 직관을 통해 발휘되는 유머는 교실을 바꾸는 원동력이 됩니다. 아마 그런 아이들이 성장해서 세상의 흐름을 이끌어나갈 겁니다.

그런 의미에서 저 또한 아이들을 가르치면서도 최대한 아이들을 웃기려고 노력합니다. 학생들 보고만 웃기는 아이가 되라고 할 수는 없지요. 교사는 웃기는 일에도 모범이 되어야 합니다.

내 자녀가 직관을 통한 통찰을 능숙하게 하고, 창의력을 발휘하고, 상대방과 내면의 교감을 하는 어른으로 성장하기를 바란다면, 부모부터 아이들을 최대한 많이 웃기면서 모범을 보여야 합니다. 얼굴에 온갖 수심을 가득 띤 채 수학 문제집을 풀라고 말하는 목소리에서는 어떤 유머 코드도 읽어낼 수 없습니다. 아이를 맹렬한 '사춘기 폭탄'으로 이끌어 '이 우울한 일상에서 언젠가는 뛰쳐나가리라' 하고 다짐하게 만들 뿐이지요.

이상하게도 한국 문화에는 누군가를 웃기는 일을 업신여기는 경우가 있습니다. 여기에는 자신이 가벼운 사람으로 보일까 하는 염려가 깃들어 있지요. 그래서인지 '웃기는 아이'라는 평가를 그리 높이 사지 않습니다. 그보다는 '착실한 아이', '공부 열심히 하는 아이', '성실히 말 잘 듣는 아이'를 만들려고 애를 쓰지요. 그런 아이들은 무척 안정적으로 자랄 수 있을지는 모르지만, 그가 마주할 삶에는 여유가 없을 겁니다. 그 와중에 순간적인 재치를 발휘하며 주위에 웃음과 너그러움을 선사하는 아이야말로 미래에 필요한 인재지요. 그들을 '직관의 고수'라고 부를 수 있을 겁니다.

노벨 문학상을 받은 아일랜드의 극작가 조지 버나드 쇼의 묘비명은, 그가 마지막 가는 순간까지 얼마나 웃긴 인물이었는지 말해주는 듯합니다.

"우물쭈물하다 내 이럴 줄 알았다."

죽음 앞에서도 유쾌한 그 한마디만 보더라도, 버나드 쇼는 그가 남긴 유수한 작품과 더불어 19세기에서 20세기를 아우르는 극작가라는 평판을 받기에 충분해보입니다.

그러니 우리 아이들이 언제 어디서든 직관 능력을 능수능란하게 발휘하기를 바란다면 바로 해야 할 것이 있습니다. 그것은 당장 우리 아이들을 웃기는 일입니다. 아이들은 그런 부모를 보고 자연스럽게 배울 겁니다. 타인을 웃기는 일이 얼마나 위대한 일인지를 말이지요.

제가 교사로서 가장 영예롭게 여기는 말이 있습니다. 가끔씩 우리 반 아이들이 해주는 칭찬 한마디입니다.

"정말 웃기는 선생님이네요."

## 짤막한 고전 읽고 대화하기

> **세계 도자기 역사에서 중국과 한국이 뛰어나다고 하지만**
> **그리스에 대한 평가도 만만치 않습니다.**
> **작품 수가 많을 뿐 아니라 품질도 좋거든요.**
> **누가 그리스에 다녀왔다면서 도자기를 기념품으로 사오면**
> **'이 사람은 그리스를 좀 아는구나' 하는 생각이 들 정도지요.**
>
> 양정무, 『난생 처음 한번 공부하는 미술 이야기』 중에서

독서 교육은 무척 중요합니다. 그래서 가정에서든 학교에서든 양질의 도서를 비치해두려고 애쓰지요. 아이들이 최대한 많이 읽기를 바라면서 말입니다. 그런데 독서 교육보다 더 중요한 것이 있습니다. 그것은 '이야기'를 들려주고, 그 이야기 속에 나오는 딜레마를 함께 고민해보는 일입니다. 이것을 잘하는 민족이 바로 앞서도 언급한 유대인이지요.

우리는 가정 혹은 학교에서 아이들에게 『탈무드』를 읽으라고 권유합니다. 그렇다면 우리 아이들도 유대인 못지않게 『탈무드』를 바르고 닳도록 읽는데, 왜 유대인과는 다른 모습을 보일까요? 그것은 오직 읽기만 시키기 때문입니다. 유대인들은 자녀가 일정 나이가 되기 전까지 가정에서 함께 『탈무드』를 읽고 대화합니다. 내일 중간고사를 본다고, 혹은 숙제를 해야 한다고 부모와 함께 『탈무드』를 읽고 대화하는 일을 미루지 않습니다.

『탈무드』는 짧은 이야기의 묶음입니다. 그리고 그 이야기 하나마다

문제 혹은 딜레마가 존재하지요. 이야기 속 주인공은 재치 있게 혹은 유머 있게 그 과정을 해결해나갑니다. 탈무드를 함께 읽는 부모는 그 이야기 속 상황으로 자녀를 끌어당깁니다. 더 좋은 대안은 없는지, 만약 나라면 그 딜레마와 마주했을 때 그 주인공처럼 했을지 등을 논하며 말이지요.

사실 우리도 유대인 못지않은 험난한 역사 속에서 꿋꿋이 잘 헤쳐 나온 위대한 민족입니다. 그 저력을 연구하는 이들은 그렇게 할 수 있었던 이유로 '교육의 힘'을 꼽지요. 하지만 저는 이렇게 말하고 싶습니다. 그 이유는 어른들에게 들어왔던, 입에서 입으로 전승되어온 옛날 옛적 호랑이 담배 피우던 시절의 이야기 덕분이라고 말입니다. 유대인이 『탈무드』를 전승하며 그 안에서 삶의 지혜를 배웠듯, 우리 민족에게도 우리만의 혜안을 담은 이야기들이 있었습니다. 안타깝게도 오늘날 그 소중한 이야기가 점차 소멸하고 있지만 말입니다. 그 이야기들은 애니메이션 시청과 책 읽기 등으로 대체되었지요. 조부모의 무릎에서 군밤을 까먹으며 듣던 옛이야기와 그 과정이 대화로 자연스레 이어지는 모습이 점차 사라지고 있습니다. 이야기 속에 빠져들어 숙고하고 질문하는 과정 속에서 세상의 모순과 대면하고, 직관적 해결 지점을 찾는 방법을 자연스레 배울 수 있음에도 말이지요. 이제는 그런 이야기들을 그저 유행 지난 옛이야기 정도로 여깁니다.

세상을 살다 보면 무수히 많은 모순과 딜레마를 마주합니다. 그것도 아주 갑작스럽게 대면하게 되지요. 아빠와 엄마 혹은 할아버지와 할머니에게 옛이야기를 듣고 '나라면 어떻게 했을까' 고민한 아이들은, 세상의 모순과 딜레마 앞에서 옛이야기를 마주하듯 여유로움을 가질 수 있습니다. 그리고 순간적으로 다양한 해결책을 꺼내서 접목하고 예상하는 직관을 발휘하지요.

따라서 마주한 딜레마 앞에서 그것을 재치 있게 해결하는 아이로 키우는 방법 중 하나는 다시 옛이야기를 들려주는 것입니다. 그리고 대화를 나누는 겁니다. 유대인처럼 『탈무드』를 놓고 같이 대화하는 방법도 있습니다. 개인적으로 성서에 그렇게 접근하는 것도 추천합니다. 자녀에게 종교 교육을 하라는 것이 아닙니다. 성서도 『탈무드』처럼 짤막한 이야기의 모음집이라고 할 수 있습니다. 성서 안에는 좋은 격언뿐 아니라 수많은 딜레마적 요소가 있지요. 성서에 등장하는 인물이 제시한 말, 심지어 예수가 한 말조차도 모순되거나 틀린 부분은 없는지 고민해볼 수 있습니다. 그저 이야기 속 주인공이라고 생각하고 말이지요.

또 다른 추천 도서도 있습니다. 바로 『이솝 우화』입니다. 이 책 역시 짤막하지만 많은 시사점을 안겨주는 주제로 구성되어 있습니다. 『이솝 우화』를 읽고 재미있다고 생각하는 데 머물지 말고 자녀와 함께 이야기를 나누는 것이 중요합니다.

『그리스 로마 신화』도 아주 좋은 자료입니다. 단 『그리스 로마 신화』를 함께 읽고 이야기할 때는 유의할 점이 있습니다. 신화적 배경이 되는 여러 신을 외우는 과정을 강조하면 의미가 없다는 것입니다. 이야기 하나하나 속에 담긴 사건에 집중하면서, 그 사건을 다루는 다양한 신의 선택과 결정에 함께 동참해본다는 느낌으로 접근하는 게 좋습니다.

이런 질문을 할 수도 있을 겁니다. 꼭 고전을 읽어야 하느냐는 것이지요. 여기에는 이렇게 말씀드리고 싶습니다. 반드시 고전을 읽을 필요는 없지만, 고전보다 뛰어난 작품을 찾기는 쉽지 않을 거라고 말입니다.

식사를 하면서 간혹 신문이나 뉴스의 내용을 가지고 대화를 나누는 경우가 있습니다. 요즘 중요시되는 '밥상머리 교육'이지요. 이 또한 아주 좋은 방법입니다. 하지만 그것이 원활하게 이루어지기 위해서는 사실 용어에 대한 사전 지식이 많이 필요합니다. 그러다 보니 아이들을 이해시키기 위해서 특정 사건을 설명해주다가 끝나버리는 경우가 많지요. 이 과정이 반복되면 아이들은 쉽게 흥미를 잃습니다. 새로운 해결을 찾아나서기보다는 듣고 배우는 시간처럼 여기게 되지요.

제 말의 핵심을 한마디로 요약하면 이렇습니다.

"딜레마를 품고 있는 이야기를 나누어라."

이런 견지에서 옛이야기, 『탈무드』, 『이솝 우화』, 성서, 『그리스 로마 신화』를 언급했습니다.

그런데 아이들에게 더 흥미진진한 이야기가 있습니다. 그것은 바로 부모의 어릴 적 경험담입니다. 이 경험담이 아이들에게는 더없이 재미있지요. 어떤 역사 이야기보다 관심을 가집니다. 가장 가깝다고 여기는 인물의 살아 있는 이야기이기 때문입니다. 부모가 어릴 적, 특히 초등학교 시절 겪었던 경험을 언급하며, 그때 마주했던 힘든 순간과 어리석었던 선택까지 이야기해주고 새로운 대안을 같이 모색해보면 어떨까요. 아마 그 이야기를 들은 아이들의 직관력은 빛을 발하기 시작할 겁니다. 아버지가 겪었던 일이라면 자신도 겪을 수 있다는 일종의 위기감과 함께, 더욱 적극적으로 문제를 해결하고픈 욕망이 싹트지요. 자신은 더 잘해보아야 하겠다는 의지와 함께 말입니다.

그래서 저는 수업 진도를 일찍 마치고 5분 혹은 10분이 남으면 제 경험을 이야기해줍니다. 6개월간 티베트 여행을 하면서 겪었던 어려움, 군대 시절, 짧지만 1년간 교환학생으로 필리핀에 가서 있었던 일 등을 말이지요. 그러한 이야기를 해주다 보면 중간에 이야기의 흐름이 끊깁니다. 아이들의 맹렬한 질문이 쏟아지기 때문이지요. 그 질문의 요지는 대체로 이렇습니다.

"선생님 그럴 때는 이렇게 했어야지요. 저라면 그때 그런 선택은 안 했을 거예요."

# 애도 익히기

> **얼굴을 마주 보고 솔직하게 이별을 말합니다.**
>
> 김형경, 『천 개의 공감』 중에서

애도哀悼한다는 것은 쉽게 표현해서 슬퍼한다는 것입니다. 깊게 표현하자면 떠나보냄을 슬퍼한다는 것이겠지요. 직관력의 응용을 말하는 마지막 장에서 '애도'라는 단어는 어울려 보이지 않을 수 있습니다. 창조적 직관 능력과는 아무 상관도 없어 보이지요.

하지만 제가 인식한 바로는 인간의 직관은 '애도할 줄 아는 용기'를 가질 때 그 능력을 완성합니다. 즉 떠나보낼 마음의 준비를 마쳤을 때 순수한 직관이 자기를 더욱 자기답게 이끌어나간다는 의미입니다. 이 말은 '자신에게 정직해진다'는 뜻이기도 합니다.

인간은 직관의 눈으로 자신을 보는 순간(통찰하는 순간) 가장 솔직해집니다. 온갖 논리와 합리적 이성으로 숨겨온 '나'의 실체를 보여주기 때문이지요. 그러한 자신을 보게 되면 슬퍼집니다. 내 존재가 원래 이런 것이었구나 하고 말이지요. 그리고 그동안 나도 모르는 사이 온갖 변명으로 자신을 만들어오느라 지친 자신이 불쌍해집니다. 결국 그리도 힘겹게 살았던 나를 위해 애도의 눈물을 흘리게 되지요. 그래서 애도는 중요합니다.

이 책에서는 직관이 발휘되기 위한 요소를 반복해서 언급했습니다. 그건 바로 어려운 난관을 만났을 때와 잠시 쉴 때였습니다. 산책 혹은 깊은 명상이 우리에게 잔잔한 쉼을 준다면, 유머는 우리를 유쾌하게 쉬게 합니다. 힘들 때 모든 것을 내려놓고 주변을 정리하는 '깊은 쉼'은 애도 후에 찾아옵니다. 그래서 저는 직관의 완성을 애도라고 하는 것입니다.

그러므로 아이들에게 슬퍼할 시간을 충분히 주십시오. 가지고 놀던 인형이 찢어졌다며 마치 자신이 상처를 입은 양 슬퍼할 때, 충분히 울도록 놓아두는 것입니다. 키우던 장수풍뎅이 유충이 풍뎅이가 되기도 전에 죽음을 맞이해서 자녀가 슬퍼할 때, 울도록 내버려두는 것입니다. 대수롭지 않다는 듯, 혹은 지저분하다며 휴지로 둘둘 말아 쓰레기통에 버리는 모습을 보이지 않도록 합니다. 자녀가 미처 이별을 받아들일 시간도 갖지 못했는데 말이지요.

만약 가까이 지내던 할머니나 할아버지가 돌아가셨다면 모든 장례 절차에 아이도 함께 동참시켜야 합니다. 그들의 기억 속에서 그분들을 충분히 떠나보낼 시간을 주는 것이지요. 그리고 마음껏 그리워하며 울 수 있게 해주어야 합니다. 그들이 떠난 후 맞을 엄청난 빈 공간을 보면서 아이는 '존재'를 인식합니다. 순수한 직관이 아이를 그리로 이끌지요.

마지막 장은 직관에 대한 순수 인식, 직관이 지닌 '존재를 바라보는 눈'에 대한 철학적 보충이라 할 수도 있습니다. 이건 뒤집어보면 그리 복잡한 것도 아닙니다. 직관은 새로운 것을 만들고 창조하는 도구만이 아닙니다. 소멸하는 것조차도 명확히 인식하게 만들지요. 또 그것을 인정하고 받아들여야 함도 알려주지요. 그래서 '애도의 기간'이 필요합니다. 애도는 그러한 직관적 인식을 받아들이게 하는 인간의 가장 순수한 자기방어입니다. 슬픔을 그저 참거나 견디는 행위로 왜곡시키지 않은 채 말이지요. 이런 견지에서 저는 이렇게 말하고 싶습니다.

"어린 시절 마음껏 울어보지 못한 아이는, 직관을 활용할 공간을 마음껏 마련하지 못한다."

부모는 자녀가 우는 것을 견디기 힘들어 합니다. 눈물이 글썽이는 모습만 보아도 바로 해결해야 할 문제로 여기고 보충해줍니다. 맛있는 과자, 사탕, 심지어 스마트폰 게임으로 말이지요. 이렇게 애도할 시간을 빼앗긴 아이들은 직관을 통해 자기 자신을 바라볼 기회를 잃어버립니다. 그리고 은연중에 슬퍼하는 것은 불필요한 일이라고 여기게 되지요. 슬퍼도 슬프지 않은 양, 그것을 잊어야 되는 양 대체물을 찾게 됩니다. 가장 순수하게 발휘된 직관이 자신과 주변을 정리하는 순간을 부모가 억지로 막는 꼴입니다.

학교에 있다 보면 우는 아이를 종종 봅니다. 저는 그런 아이를 보면 조금 기다립니다. 그리고 어느 정도 울었다 싶을 때 물어봅니다. 어떤 연유로 슬퍼했는지 말이지요. 막상 이유를 들어보면 전혀 울 일이 아닌 듯 보이는 경우도 많습니다. 그래도 일단 해결책을 바로 제시하지는 않습니다. 어차피 울고 나면 금방 웃는 게 아이들이기 때문입니다. 어른들이 보기에 어느새 슬픔을 잊은 듯 보이지만, 저는 잊은 것이 아니라고 생각합니다. 단지 충분히 슬퍼했기에 완벽하게 떠나보낼 수 있어서 이제 웃게 된 것이지요. 아이들의 직관은 울면서 알아챕니다. 무엇을 보내고, 그 자리에 무엇을 채워넣어야 하는지를 말이지요.

자녀가 진정 '직관의 고수'가 되기를 바란다면 그들에게 슬퍼할 기회를 주십시오. 슬픔을 있는 그대로 직시하고 눈물로 스스로 위로할 줄 아는 아이는 그 어떤 것도 두렵지 않습니다. 언제든 애도할 준비가 되어 있기 때문입니다.

유머가 난관에 처한 인간을 여유롭게 만드는 직관의 재치라면, 애도는 죽을 것 같은 나를 다시 살게 만드는 직관의 생명력이라고 말할 수 있습니다.

자녀들에게 충분히 슬퍼할 기회를 주는 것 못지않게, 애도의 권리를 누리는 일은 부모에게도 무척 중요합니다. 부모이기 이전에 한 인간으로서 마주해야 했던, 당연히 떠나보내며 울어야 했던, 그러나 미처 충분히 애도하지 못했던 순간을 떠올리며, 의식적으로라도 애도해보시길 권합니다. 애도 후 찾아오는 여백의 공간을 느끼고, 직관의 눈으로 세상을 있는 그대로 보며 한 걸음을 내딛게 될 것입니다. 그리고 우리 아이들도 그 정도 수준의 직관에 이르도록 더 안전하게 인도할 수 있게 될 것입니다.

소설가 김형경의 저서 『천 개의 공감』의 한 대목을 인용하며 이 책을 마칩니다.

"애도 과정을 의식적으로 충실히 이행하면 좋은 일이 많이 생깁니다. 자아가 풍성해집니다. 풍성하고 강한 자아는 더 큰 승화와 창조적 역량을 획득하게 해줍니다."

승화와 창조, 직관이 가장 잘하는 일이지요.

## 수업을 마치며

“세상을 떠날 즈음 석가의 모습은 어떠했습니까? 석가의 모습은 우리가 사랑하지 않을 수 없는 불완전한 모습이었습니다.”

조지프 캠벨이 쓴 『신화의 힘』의 한 구절입니다. 인간으로서 극에 달하는 깨달음과 통찰을 마주한 석가의 모습이 불완전했다는 표현은 우리에게 위로가 됩니다. 불완전한 인간 본연의 모습이야말로 ‘직관의 힘’이 작동할 수 있는 여지일 거라는 안도감마저 느껴집니다.

『천 개의 공감』에서 김형경은 이렇게 표현합니다. 자기 내면을 깊이 성찰하기 위한 방법이 세 가지 있는데, ‘정신분석’, ‘참선하기’, ‘사랑의 경험’이라고 말이지요. 이 세 방법의 공통점은 강한 역동성으로 자기 자신을 있는 그대로 드러낸다는 데 있습니다.

직관이 가진 가장 큰 의미는 자아를 있는 그대로 보게 해주는 것입니다. 초등교육에서 아이들의 자존감은 매우 중요합니다. 자존감의 시작은 ‘자아 인식’에서 출발합니다. 내가 있다는 사실을 인지해야 스스로를 소중히 여길 수 있는 것이지요.

직관은 단순히 문제 해결의 실마리를 찾아 해결하는 창의적 발상의 도구에 머물지 않습니다. 자신을 속이지 않고 솔직하게 바라보게 해주는 내면의 눈입니다. 앞서 설명한 대로 직관은 우리의 모든 생활과 깊이 연관되어 있습니다. 단지 많은 이가 근거가 없다는 이유로 직관적 판단을 외면하는 일이 많을 뿐이지요.

우리가 자녀들에게 자신의 직관을 충분히 활용하도록 가르쳐야 하는 가장 큰 이유는, 그들이 자신의 모습을 있는 그대로 인지하고 ‘자기답게’ 독립적인 삶을 살도록 독려해야 하기 때문입니다.

저는 교육자이기에 어떤 '좋은 것'을 보면 그것을 어떻게 아이들에게 가르칠 수 있을까 고민합니다. 일종의 직업병이지요. 천재나 영재가 아니어도, 심지어 우둔해 보이는 아이들마저도, 아니 우둔해 보일수록 그들 스스로 일어설 수 있는 힘은 그들이 본래 지닌 직관을 발휘하는 데 있습니다. 저는 그 길을 안내하려는 것입니다. 그것은 교육자로서 소명으로까지 여겨집니다.

가장 좋은 교육은 집어넣어주는 것이 아니라 스스로 알아갈 수 있도록 해주는 것입니다. 그러한 '앎' 또한 직관의 눈에서 시작되지요. 그것은 핵심을 관통하는 '성찰'과 같은 말입니다. 아이들은 성찰이라는 말의 뜻을 모르지만 아주 작은 사건까지 보고 느끼면서 '아하!' 하는 탄성을 자주 내뱉습니다. 내가 무언가 바라보았고, 발견했고, 그로 인해 새로운 무언가를 알았다는 것을 온몸으로 표현하지요. 안타깝게도 해가 거듭될수록 그 탄성의 횟수가 줄어듭니다. 많은 것을 그저 외우도록 강요해서 아이들의 내면에 '지겨움'을 가득 채워주지요. 유치원 아이들에게까지 말입니다.

부모는 두렵습니다. 우리 아이가 뒤처질까 조급합니다. 한편으로 그 불안이 이 책을 읽어야 한다는 압박으로 다가왔을 겁니다. 다른 아이들보다 먼저 우리 아이의 직관을 키워주어야 한다는 강박을 느꼈을 수도 있습니다. 그리고 '직관 교육이 도대체 뭐지?' 하는 질문으로 일단 책을 들었겠지요. 저 또한 두려운 마음으로 이 책을 쓰기 시작했습니다. 우리 아이들이 정작 중요한 것을 놓치고, 기계적인 삶으로 자신을 내던지지 않도록 해야 한다는 의무감 같은 것입니다. 그런데 말콤 글래드웰은 『블링크』에서 이렇게 말합니다.

"더 많은 정보를 제공받을수록 판단에 대한 확신이 판단의 실제 정확성과 점점 더 멀어졌습니다."

시간이 되신다면, 이 책을 다시 읽어보시기 바랍니다. 처음 이 책을 읽을 때의 마음, 즉 어떤 새로운 교육 정보와 교육 방법을 익히고 획득하려는 마음을 내려놓고 읽으시기를 권합니다. 꼭 처음부터 다시 읽지 않아도 됩니다. 그저 운에 내맡기듯 아무 페이지나 펼쳐서 읽으면 됩니다. 단지 정보를 얻는 게 아니라 내 안의 직관을 건드리는 문구를 찾는다는 느낌으로 읽어보십시오.

지난 10년을 되돌아볼 때, 교육 현장에서 제가 계획한 대로 성과를 거둔 것은 거의 없습니다. 오히려 계획하지 않은 순간적 판단에 따라서 과감히 실행에 옮긴 일들이 계속 여운을 남깁니다. 그것은 제자들을 통해서 드러났습니다.

의도하고 계획하고 치밀하게 각본을 짜서 다가간 제자들은 저를 찾아오지 않더군요. 오히려 스치듯, 저 자신도 기억하지 못하는 말로 다가간 제자들은 그 말 한마디를 온몸으로 기억하고 제게 소식을 전하며 다가옵니다. 비록 현실이 고달프고 힘들어도 그 말을 잊지 않고 기억하고 있다고 하면서 말이지요.

저는 반걸음을 시작했습니다. 누군가 온전한 한 걸음을 내딛으며 제게 질타하기를 바랍니다.

"당신이 말한 것은 틀렸어. 직관은 교육한다고 되는 게 아니야."

맞습니다. 직관은 교육을 통해 되는 것이 아니라, 그냥 내버려두면 알아서 꽃피우고 열매 맺는 것입니다. 그러니 제발 부탁드립니다. 우리 아이들을 계획 속에 밀어넣지 말고 그냥 놓아두시길 바랍니다. 스스로 첫 걸음마를 떼고 일어섰듯, 그들은 세상을 딛고 일어설 겁니다. 어른들은 그걸 보고 뿌듯해하면 그만입니다.

## 이 책을 미리 접한 부모의 '수업 후기'

처음에는 내 아이를 어떻게 길러낼 것인지에 대한 답을 구하려고 책을 열었다. 그런데 몇 페이지 못 가 아이가 아니라 나는 어떻게 살아왔고 또 살고 있는지에 대한 반성이 들기 시작했다. "지난날 그렇게 박차며 내 길을 걸어보지 못한 나 자신"에 대한 직관이 시작된 것이다. 마음을 관통한 문장에 그어놓은 밑줄이 잘 다져놓은 반성이라면, 동그라미를 그린 키워드 몇몇은 아이뿐만 아니라 나 자신에게도 심어야 할 씨앗처럼 느껴졌다.

명사와 위인들이 그들의 위대한 업적 때문에 칭송받는다는 것은 알았어도 어떻게 훌륭하게 성장할 수 있었는지에 대한 이야기는 별로 아는 바가 없었는데, 각 장 사이사이에 이야기처럼 담겨 있어서 재미있게 읽었고, 읽고 나서는 고개를 여러 번 끄덕였다. 전략적 직관을 키우는 데 도움이 되는 예로 들어주신 것들은 당장 내 아이와 해보고 싶을 정도로 마음에 들었다. 좋은 공부가 되겠구나 하는 생각은 물론이고, 그보다 먼저 정말 재미있어 할 아이의 표정이 상상되어서 마음이 간지러웠다.

어떤 아이로 키울 것인가 하는 큰 생각 아래, '일상에서 아이와 무엇을 어떻게 하고 놀까, 하는 매일의 고민이 상당 부분 해소된 것 같아서 기쁘다. 닮은 고민을 하는 엄마들에게 혼내는 엄마 대신 '웃기는 엄마'가 되어보자고 말하고 싶다. '이게 무슨 소린가' 싶어 의아한 표정을 지으면, 기쁜 마음으로 이 책을 읽어보시라고 권하련다.

— paperchai

---

'직관을 어떻게 가르치지?' 처음 이 책의 제목을 보았을 때는 이런 의문이 들었는데 직관 교육에 대해 물 흐르듯 쉽게 설명하고, 따라 하기 쉬운 방법을 제시해줘서 읽는 내내 흥미로웠다.

우리 아이들이 인공지능과의 경쟁에서 밀리지 않기 위해 직관을 길러야 한다고만 생각했는데, 그보다는 아이들이 '자기 자신'으로 살기 위해 직관이 더욱 필요하다는 것을 알았다. 그에 더해 자기가 가진 능력을 충분히 발휘할 수 있게 해주기 위해서라도.

알파고가 이세돌 9단을 이기는 것을 보고 세계의 패러다임이 바뀔 것은 예상했지만, 어찌 대처해야 할지 뾰족한 수가 떠오르지 않았다. 직관 능력이 부족해서일까? 아무래도 직관을 활용하는 삶은, 아이들보다 내게 먼저 필요한 것 같기도 하다.

— 푸른레몬

---

최근 본 자녀 교육서 중에 가장 신선하고 놀라운 책이다. 덕분에 직관은 '변별적 능력'이라는 것을 알게 되었다. 인간에게만 부여된 이 특별한 선물을 우리 아이가 어떻게 열어서 사용하게 될지 매우 설렌다.

한 권의 책 안에서 고전과 현대, 미래가 만난다. 저자는 서재에서 빠져나와 수많은 인물을 만나고 네모난 교실을 지나 미래를 보여준다. 그럼에도 현실에서 발을 떼지 않는다. 지금 당장 우리 아이들이 할 수 있는 것들에 대해 친절히 안내한다. 그것이 낯설지 않은 것들이라 기뻤다.

'직관을 얻기 위해서는 선행할 사항이 있다'는 말씀이 현실적이어서 든든했다. 직관은 뜬구름이라 여겼던 내게 신선한 충격이었다. 덕분에 '기본', '균형', '자아' 같은 오래된 개념들을 새롭게 보았다. 가장 구태의연하지 않은 방법으로 '간결함'과 '기본'을 말하는 교육서였다.

'열심히 추구하되 자연스럽고 편안하라'. 진심으로 이렇게 말씀하시는 선생님이 계셔서 얼마나 다행인지 모른다. 덕분에 나는 기쁜 마음으로 아이의 '틈'을 바라볼 수 있게 되었다. 숨을 고르고 직관을 위한 여지를 남겨야 하겠다. 아이의 직관에 대해 수많은 데이터와 실제 경험을 토대로 써주셔서 감사드린다.

— smirae_

---

책을 읽기 전에 그렇고 그런 지시형 육아서쯤으로 생각했다. 책을 읽는 중에는 재미있었고, 책을 읽고 난 후에는 유익했다. 에세이 형태지만 이야기가 있고, 그 안에 지식이 있어서 시간 가는 줄 몰랐다.

사회는 저성장 시대로 접어들었고, 사람들은 불안해한다. 이 시대의 불안은 아이의 교육을 통해 미래를 극복하려는 형태로 나타난다. 내 불안의 이유와 대안을 이 책에서 접하고, 위안을 얻었다. 지금, 아이의 사교육에 쏟는 관심이 내 불안을 잠재우기 위한 것은 아닌지 살펴봐야 하겠다.

— longmami

방대한 양의 정보를 정확하게 처리하는 인공지능 시대에, 우리에게도 '직관'이라는 인간만의 그 무엇이 있음을 환기시켜주었다. 더불어 이 책은 우연적이고 비이성적인, 그러나 꼭 필요한 직관이라는 능력을 일상에서 아이와 어떻게 키워나갈 수 있는지 그 구체적 방법을 제시함으로써, 손에 잡히지 않는 '직관력'을 경험하고 그것에 다가가는 데 도움을 준다.

— 소려재

직관 교육은 교육이 아니고 생활이었다. '『탈무드』 읽기'처럼 일상생활 속에 녹아들어야 하는 그런 것.

최근에는 '미래에는 필요 없는 것들을 배우고 있는지도 모른다', '창의력이 중요하다' 같은 이야기를 많이 듣는다. 그럼에도 내 아이는 공부에 '올 인'하는 분위기에서 뒤처지지 않게 해주고 싶은 것도 사실이다. 어찌되었건 열심히 하면 도움이 될 거라면서. 하지만 아이가 쉴 시간, 놀 수 있는 시간이 절대적으로 부족하다 보니 매일 고민이다. 이렇게 상충하는 입장의 가운데서 갈팡질팡하다가 결국 기존의 공부에 집착하고는 한다.

이 책을 읽고 좀 더 마음에 여유를 가져야겠다고 생각했다. 부모가 여유를 가져야 아이도 숨을 쉴 수 있고, 주체적으로 생활할 수 있을 것 같아서다. 일단 본문에 나온 직관 키우기 방법부터 바로 실천해봐야겠다. 차 안에서 '끝말잇기'와 '나는 누구일까요?'만 몇 년 했더니 다른 아이템이 절실했다!

— wintergarden